Superando el duelo después de un suicidio

SUPERANDO EL DUELO DESPUÉS DE UN SUICIDIO

Las experiencias de los que se quedan

Jessica Wolf

SUPERANDO EL DUELO DESPUÉS DE UN SUICIDIO

Portada: Julieta Bracho-estudio Jamaica

Primera edición: marzo 2022

© 2022, Jessica Wolf
© 2022, Editorial Terracota bajo el sello PAX

ISBN: 978-607-713-478-7

Editorial
TERRACOTA ET

DR © 2022, Editorial Terracota, SA de CV
Av. Cuauhtémoc 1430
Col. Santa Cruz Atoyac
03310 Ciudad de México

Tel. +52 55 5335 0090
www.terradelibros.com

Impreso en México / *Printed in Mexico*

2026   2025   2024   2023   2022
  5   4   3   2   1

ÍNDICE

AGRADECIMIENTOS

Primero que nada agradezco a Dios por hacer de mi vida un poema que con sus vaivenes me ha mostrado la luz y la oscuridad, y me permite asombrarme cada día de estar viva y en pie pese a las pruebas que me ha tocado vivir.

Gracias a mis hijos Ana y Diego por regalarme parte de su tiempo para escribir este libro y por sentirse orgullosos de mí como mujer y como mamá. Su sensibilidad y su capacidad de amar son un tesoro para mí. Sin ustedes la vida no tendría el mismo sentido para mí. Los amo con todo mi corazón.

Sin la fortaleza de mi familia, mis padres y mis hermanos, no sería quien soy. Gracias a mi mamá, quien un día me dijo que esa tesis de licenciatura tenía que convertirse en un libro para muchos y que confió siempre en mí. Este libro sucede por ti. Gracias a mi papá, por transmitirme su sensibilidad, y por el tiempo que invirtió leyendo conmigo estas líneas. Los llevo en el alma y han sido mi ejemplo.

A mis hermanos y cuñados, Eloísa y Bernd, Silvia y Alonso, por tomarme de la mano siempre y enseñarme el lugar al que debo regresar. Gracias con el corazón, ¡los adoro!

Gracias, Rosa, por esta oportunidad y por las muchas horas de intercambio de miradas sobre el mundo de los niños, los libros y todo aquello que nos apasiona en común.

Gracias, Gerardo, por recibirme en tu editorial e invitarme a escribir desde el corazón. Ha sido un regalo maravilloso.

Gilda, gracias por tus correcciones y por darle forma y sentido a mis ideas. En este proceso has sido como una sombra acompañante y respetuosa que me lleva a mirar mis ideas desde tus ojos.

Ale, gracias por esa tesis que un día con el corazón lastimado escribimos y que fue el principio de este libro.

A ti, amiga, que, aun ya no estando tu cuerpo entre nosotros, has trabajado a través de mí con tu experiencia y tu guía. Los ángeles existen y tú eres uno de ellos. ¡Gracias! Lo logramos juntas. A todos mis maestros, supervisores y terapeutas que me han ayudado en mi camino de la psicología: Javier Vicencio, Jorge Pérez Alarcón, Flora Aurón, Jessica Gutiérrez, Clara Sunderland y Caro Ortiz. Este agradecimiento se dirige en especial para ustedes.

Gracias infinitas a esos seres maravillosos que abrieron su corazón compartiéndome el dolor de sus experiencias. Gracias por confiar en mí para ser parte de este libro. Sus historias me tocaron en lo más profundo y deseo que la vida les regale sentido a sus pérdidas a través de lo compartido. Este libro está escrito por todos, me considero solo una mensajera de las ideas que compartimos. Que Dios los bendiga siempre.

Gracias a todos y cada uno de mis pacientes, quienes continuamente me enseñan algo de la vida y me impulsan a creer que siempre hay recursos y posibilidades de sanar. La intimidad de nuestros encuentros me motiva día a día a amar más mi quehacer cotidiano.

Gracias a todos y cada uno de los maravillosos amigos que la vida ha ido sembrando en mi camino. Esos ángeles terrenales que me acompañan al caminar y me levantan al tropezar. No tengo palabras para decirles lo afortunada que soy porque están en mi vida. No estaría en pie sin ustedes. Ustedes saben quiénes son. Mi corazón es por siempre suyo.

Gracias a ti, lectora, lector, por regalarme este tiempo para sumergirte en mis palabras. Deseo que con el contenido de estas páginas tu corazón se conmueva y te lleves un mensaje para la vida.

¡Dios los bendiga!

Jessica

Prefacio: ¿Cómo leer este libro?

Al pensar en esta pregunta me imaginé estando en tu lugar. Pensé en la intensidad del dolor que te impide concentrarte. Pero, aun con el corazón y el alma heridas, con el deseo de sanar y de salir adelante.

¿Cómo se puede leer para encontrar respuestas cuando la cabeza solo divaga?

No te exijas mucho y toma la lectura en forma gradual. No tiene que seguir un orden, puedes comenzar por tomar el libro y hojearlo. Detenerte donde sientas que debes leer una línea o dos. Cuando necesites parar, hazlo.

El libro pretende acompañarte en el proceso y ser de fácil lectura.

Piensa en la imagen del ángel que presentamos al principio del libro. Este ángel puede, a modo de marcador, acompañar tu lectura. Le puedes pedir guía y luz. Tal vez este ángel represente a tu ser querido y decidas ponerle su nombre.

En la "Introducción" encontrarás narrada mi experiencia y mi proceso de transformación del dolor en esperanza.

El primer capítulo, "El suicidio: ¿cómo entenderlo?", quizá parezca un tanto teórico, pero lo considero necesario para dar respuesta a algunas de tus preguntas respecto a este hecho. Para mí, resulta importante que tú, lectora, lector, puedas llegar a entender el suicidio como un acto de dolor. Al modificar nuestras miradas, hacemos lo mismo con las narrativas e historias que hemos construido socialmente alrededor de los suicidios.

Entender este como un acto de dolor es el movimiento que requerimos para contrarrestar el efecto de estigma y el tabú que suele generar.

A final de cuentas, todo ser humano, en algún momento de su vida, se ve inmerso en los mares del dolor por el solo hecho de vivir.

En el segundo capítulo, "El proceso de duelo: ¿qué es?", analizarás lo que implica perder a un ser querido. El duelo no es un evento, es un proceso que conlleva movimiento y cambio, altas y bajas. Al conocer sus implicaciones es probable que sientas que no estás enloqueciendo y que al final del proceso de duelo hay luz y posibilidad de sanar.

El tercer capítulo, "El duelo por suicidio: ¿qué sucede en este proceso?", tiene la intención de guiarte para distinguir este proceso de otros, pues perder a alguien por suicidio tiene ciertas particularidades. Si te has sentido diferente de otros, si sientes que los demás no logran entender tu experiencia o la juzgan con demasiada dureza, aquí encontrarás por qué sucede esto.

En el cuarto capítulo, "El suicidio en la familia", se aborda cómo un mismo evento puede ser vivido de maneras muy diferentes por unos u otros, según el rol que desempeñen o la relación que hayan sostenido con la persona fallecida. Tú, al entender estas diferencias, podrás ser más tolerante, compasivo y comprensivo con los demás. No tenemos que ser iguales, ni ver las cosas de la misma manera, pero sí aprender a coexistir. No juzgarnos unos a otros protege nuestras relaciones y permite que surja la ayuda, el acompañamiento y el apoyo. No somos iguales, aunque dolemos con el mismo dolor. El acto del suicidio puede atentar contra la unión de la familia o ser un pegamento que la una y nos haga valorar a quienes aún tenemos con nosotros en vida.

En el quinto capítulo, "Cómo sanar tras un suicidio", encontrarás una serie de sugerencias y herramientas que espero te sean de utilidad en tu proceso de duelo. Estas herramientas representan una pequeña recopilación de ideas y estrategias que he utilizado en mi trabajo terapéutico y que encuentro como pequeños regalos al investigar sobre estos temas.

A lo largo del libro encontrarás diversas "Experiencias" que un grupo de personas maravillosas y ávidas por ayudar a otros me compartieron para este libro. Tomé la decisión de trasladarlas aquí de la manera más completa y fiel posible, pues creo que merecen un espacio para ser narradas en su totalidad. Estas historias, tal vez una u otra, o todas, podrían ser semejantes o parecidas a lo que estás viviendo. En otros países —y poco a poco en México—, funcionan grupos de apoyo para personas en duelo y en algunas partes existen incluso grupos de apoyo específicos para personas en duelo por suicidio. A falta de más grupos de este tipo en nuestro país, estas historias pretender ser un sustituto. Oír y sentir que "otros han vivido lo que tú" rompe con el aislamiento y la sensación de soledad que muchas veces acompañan estas pérdidas.

Por último, los Anexos se orientan a hacer de este libro de autoayuda algo práctico. "Los Cuestionarios de autoevaluación" son una manera rápida de evaluar tú mismo si necesitas buscar ayuda profesional. "Una guía para el terapeuta presenta", de manera sencilla, ciertos lineamientos básicos para el terapeuta que trabaje con una persona en duelo por un suicidio. "Un ángel a tu lado", el cuento "Por siempre juntos" y los "Pensamientos que sanan el corazón", ofrecen un bálsamo en esos momentos de dolor. El "Tríptico" lo puedes cortar o fotocopiar para repartir entre personas que requieran información breve como introducción a lo que implica el proceso de duelo por suicidio. En "Recursos", encontrarás un listado de asociaciones, todas serias y algunas especializadas en el manejo del suicidio en México. Generemos una red que nos permita dar respuesta a estos eventos que se han convertido en un problema importante de salud en nuestro país.

Finalmente, te invito a ser parte del cambio. Si podemos hablar del dolor que conllevan las muertes por suicidio, podemos entonces tocar el corazón de aquellas personas que están sufriendo y hacerles ver que, terminar con su dolor al matarse, puede generar una ola enorme de dolor en otros. Y lastiman a otros porque son queridos y amados y no están solos. El dolor es parte de vivir. El dolor en la vida purifica el alma y fortalece el espíritu. Los dolores pasan y la vida sigue, mientras uno decida mantenerse con vida.

Este libro es para aquellos que sufren el dolor de la pérdida por una muerte por suicidio y también para aquellos que están en un momento de dolor en su vida y consideran el suicidio como única opción para aminorar el dolor.

Introducción

Como psicólogos, somos nuestra propia herramienta de trabajo. Una herramienta no solo hecha de la formación profesional, los estudios y el grado académico, sino labrada con nuestras experiencias de vida y con la manera en que las hemos comprendido e integrado a nuestra formación y a nuestra mirada terapéutica. Si bien no necesitamos vivir en carne propia todo para entenderlo, las vivencias nos regalan una sensibilidad especial para entender a otros.

Así comienza mi experiencia con el tema del duelo por suicidio. Habiendo vivido el duelo en carne propia en el proceso de mi formación profesional como psicóloga.

Mientras estudiaba en la universidad, una amiga cercana tomó la decisión de terminar su vida.

Para mí, esta fue una experiencia terrible y determinante.

El evento ocurrió justo en un momento de vida en el que pasé una de las peores etapas. Recientemente había terminado una relación de pareja que en su momento fue importante. Mi amiga había terminado también con su pareja, algo que para ella no solo fue terrible sino imposible de superar.

Unos días antes de su muerte, pasábamos tiempo juntas. Yo le mostré un material en el que trabajaba para una materia. Era un trabajo personal que hablaba del momento que vivía frente a esa ruptura amorosa. El último párrafo reflejaba mi intenso dolor.

El choque de sentimientos,
como olas encontradas,
estremece mi cuerpo,
hace que vibre mi alma.
Estoy muriendo para renacer
y, aun en mi muerte
me siento más viva que nunca.
Siento los vacíos en el cuerpo,
los nudos en la garganta
…morir de amor.

Ella lo leyó con interés y nos dimos cuenta de que compartíamos nuestro sentir.

También hablamos del plan para el fin de semana. Habíamos organizado una pequeña reunión en casa de otra amiga, donde quedamos en vernos. Ella no sabía si iría pues su mamá saldría de viaje y tal vez ella la alcanzaría. Nos despedimos, convencida de que nos veríamos de nuevo la próxima semana.

Tuvimos nuestra reunión, a la cual ella no acudió y supuse que había salido de viaje, como me comentó.

En la madrugada de ese domingo recibí la llamada sorpresiva de otra amiga que me preguntaba por ella, a lo que contesté "Se fue con su mamá". Lo que obtuve como respuesta fue que no había llegado y estaba desaparecida. La sorpresa y la incomprensión de lo sucedido me impidieron dormir. El domingo, entre una llamada y otra, pasó el tiempo y la respuesta que esperaba no llegaba. Solo especulaciones de lo que podía haber sucedido.

Llegó el lunes, sin noticias de que hubiera aparecido. Las amigas en común fuimos recabando pequeñas piezas de información que hasta ese momento seguían sin tener sentido.

Hasta que se recibió la terrible noticia: encontraron un cuerpo sin vida que correspondía a su descripción.

La noticia nos conmocionó. ¿Sería ella?, nos preguntábamos. Por supuesto, deseábamos que no fuera así, y a la vez deseando despejar la terrible incertidumbre que los días previos representaban.

La confirmación no tardó en hacerse presente. Era ella.

Había sido encontrada muerta por ahogamiento. Su cuerpo sin vida yacía varado en la playa. Con eso terminó su dolor e inició el de todos nosotros.

Su muerte parecía incomprensible. Era, a los ojos de todos los que compartimos con ella, una chica sana, deportista, alegre y vital.

Para mí, el dolor fue grande. No solo porque era mi amiga, sino porque a últimas fechas compartimos el dolor de nuestras rupturas amorosas. Compartíamos nuestra juventud y nuestros planes para el futuro, porque teníamos mucho en común. Recordé y busqué el texto que escribí, y me di cuenta de que, de forma inconsciente, yo también había estado hablando de dolor y de morir de amor. Sentí temor y una gran angustia.

Como si esta tragedia no fuera suficiente, mi abuela adorada estaba grave en Guadalajara y finalmente murió en junio. Comencé a no dormir, a tener pesadillas, a perder peso. El dolor y la angustia me rebasaban.

Busqué ayuda y entré a terapia. Poco a poco fui sanando hasta que, junto con mi amiga Ale, tomé la decisión de trabajar en el duelo por suicidio como tema de tesis profesional. Fue un proceso complicado pero terapéutico, en el que siempre sentí una presencia que nos alentaba a seguir, una mano que escribía por nosotras. Sabía que escribiendo dábamos un sentido a su muerte y honrábamos la amistad que nos unió.

Supe también que empezaba a sanar cuando volví a dormir, cuando ya no la veía en todos lados. Cuando poco a poco recuperé mi peso. Cuando seguí trabajando para ayudar a otros con sus propios procesos de duelo. Cuando era sensible y no prejuiciosa al entender las experiencias de otros suicidios.

Un día la soñé. El sueño fue tan vívido que hasta el día de hoy lo recuerdo. Me encontraba con ella y me decía: "Ya no llores por mí, yo estoy bien". Desperté con lágrimas en los ojos. Ese sueño me liberó.

En este instante la siento conmigo escribiendo estas líneas y tomo consciencia de un dato curioso: exactamente un día como hoy, hace 18 años, ella se fue.

Esta experiencia dura y dolorosa me enseñó que uno no es totalmente autor de su destino. Que la vida nos reparte experiencias como si fuera un juego de cartas. Que al jugarlo, no podemos escoger las cartas, pero lo que hagamos con ellas será responsabilidad nuestra. Podemos esforzarnos en jugar el juego de la vida lo mejor posible y esto implica tomar las experiencias dolorosas y fuertes por las que atravesamos, para ser mejores seres humanos y dar un sentido a nuestra existencia. Siempre he pensado que es de sabios aprender de otros sin tener que experimentar en carne propia. Pero de sabios y valientes es tomar el dolor y transformarlo en sabiduría y experiencia, y con ello tocar a otros en su vida. Todavía no estoy ahí, sigo aprendiendo del diario vivir, de sus altas y bajas.

Desde ese momento en adelante sentí una enorme responsabilidad de ayudar a otros con una experiencia similar. Me comprometí a romper el tabú que conlleva el acto del suicidio. Ese tabú que no les permite a las personas en duelo por suicidio digerir esta amarga y dolorosa experiencia.

Considero que sufrir la muerte de un ser querido por suicidio es una de las experiencias más fuertes y dolorosas que una persona puede vivir.

El suicidio no es natural; "una persona en su sano juicio no se suicida", pensamos.

Desde el punto de vista moral y ético, el suicidio no es correcto. El ser humano no debe atentar contra su vida, que es lo más sagrado que tiene. Y, aun así, sucede.

Tras mucho tiempo de investigación y cuestionamiento, he comprendido que el suicidio es resultado de una situación intolerable que rebasa la capacidad de la persona para hacerle frente. Y, ante la intensidad del dolor emocional, esta decide poner fin a su sufrimiento. Más grave aún resulta que algunas de estas personas aparenten un estado de normalidad en el que pueda estar escondido un proceso depresivo y en ocasiones de mucha ansiedad.

Así entiendo hoy el suicidio, como un hecho ocasionado por un dolor emocional intenso, por una desesperanza enorme. Es cierto que puede tener, y tiene, componentes clínicos, psicológicos e incluso psiquiátricos, pero esto no sucede siempre y mirarlo así muchas veces no nos es útil.

En los casos de suicidio, el factor común lo constituyen la desesperanza y el dolor emocional, y el duelo que genera es, sin duda, uno de los más complicados.

El suicidio suele ser repentino. Como estudiosos del tema, sabemos que en retrospectiva siempre aparecen señales. Sin embargo, las vemos cuando ya es tarde. Y solo podemos captarlas así, en retrospectiva, porque como seres humanos no estamos capacitados y no deseamos ver que un ser querido nos está avisando que llevará a cabo su propia muerte. Esto es demasiado para nosotros.

Ver las señales en forma retrospectiva nos genera una enorme culpa y nos lleva a pensar "¿Y si hubiera…?", "pude haberlo detenido si tan solo…". La impotencia y la culpa suelen acompañar al duelo por suicidio.

Hay mucho más que decir sobre el proceso de duelo por suicidio, pero no me voy a detener ahí en este momento.

Podrán pensar que para qué sirve todo esto. La persona en cuestión ya eligió cuál es el destino de su vida. Nuestro trabajo de prevención o intervención frente a esta situación crítica ya no es viable, pero nuestra labor no termina ahí.

El suicidio es un acto singular con un efecto plural.

Perder a alguien de esta forma marca para toda la vida. Cada suicidio deja secuelas en más de una persona, de hecho, en muchas. El suicidio de un alumno de una escuela toca emocionalmente a sus compañeros, a sus maestros, a los padres de familia y a otros chicos que se enteran del caso. La reacción común es cuestionarse: "¿Cómo es posible que esto suceda bajo nuestra mirada, en nuestro entorno y que no nos hayamos dado cuenta?".

Acompañar y ayudar a digerir este trago amargo es importantísimo, pues con ello evitamos que se repita la historia. Evitamos que los seres queridos se queden "atorados" en un proceso de duelo complicado. Este es el trabajo de posvención.

Trabajar el duelo por una muerte por suicidio nos permite dar un nuevo significado a la experiencia, aprender de este dolor que la vida nos ha entregado. Sin aprendizaje no hay crecimiento. Sin aprendizaje, toda la pena del suicida y de sus sobrevivientes no tiene sentido.

Con este libro deseo transmitirte lo que con mis dolores y mis pérdidas he aprendido. Ojalá mi experiencia te ayude a sufrir menos, a aprender de las pérdidas y a dar sentido a tu propio sufrimiento.

ALFONSINA Y EL MAR

Por la blanda arena que lame el mar,
su pequeña huella no vuelve más.
Un sendero solo de pena y silencio
llegó hasta el agua profunda,
un sendero solo de penas mudas
llegó hasta la espuma.

Sabe Dios qué angustia te acompañó,
qué dolores viejos calló tu voz
para recostarte arrullada en el canto
de las caracolas marinas,

la canción que canta
en el fondo oscuro del mar la caracola.

Te vas, Alfonsina con tu soledad,
¿qué poemas nuevos fuiste a buscar?
Una voz antigua de viento y de sal
te requiebra el alma y la está llevando,
y te vas hacia allá como en sueños,
dormida, Alfonsina, vestida de mar.

Cinco sirenitas te llevarán
por caminos de algas y de coral
y fosforescentes caballos marinos
harán una ronda a tu lado.
Y los habitantes del agua van a jugar
pronto a tu lado.

Bájame la lámpara un poco más
déjame que duerma nodriza, en paz,
y si llama él no le digas nunca que estoy,
di que me he ido.

Te vas, Alfonsina con tu soledad,
¿qué poemas nuevos fuiste a buscar?
Una voz antigua de viento y de sal
te requiebra el alma y la está llevando,
y te vas hacia allá como en sueños,
dormida, Alfonsina, vestida de mar.

Canción de Mercedes Sosa, 1969.

Capítulo 1

El suicidio, ¿cómo entenderlo?

> El suicidio es una solución permanente
> a un problema temporal.
> *Carla Fine*

Hay mucho escrito sobre el tema del suicidio en la psicología que nos permite entender este fenómeno con mayor o menor profundidad. Aquí procuraré hacer un resumen de los conceptos principales, con el fin de ofrecer información práctica, sintética y útil que despeje tus dudas al respecto.

Dada su complejidad, no hay una teoría única que explique en forma completa el fenómeno que representa el acto suicida. Muchas son las voces y los puntos de vista. El suicidio puede estudiarse no solo desde una perspectiva intrapersonal o individual, sino desde la interpersonal y en relación con el mundo.

En primer lugar, revisemos lo que significa la palabra suicidio, que proviene de las raíces latinas: *sui*, que significa "de sí mismo", y *caedere*, "matar", esto es, "matarse a uno mismo".

Muchas son las voces y los puntos de vista sobre el suicidio.

Teorías sobre el suicidio

La sociológica

El sociólogo francés Emile Durkheim (1986) fue el primero en estudiar el tema del suicidio, al cual definió como toda muerte que resulta, mediata o inmediatamente, de un acto positivo o negativo, realizado por la víctima misma sabiendo que ella debía producir este resultado. Planteó que este tipo de muerte refleja la relación de la persona consigo misma y con su comunidad. Según él, para que un suicidio se lleve a cabo es necesario que existan las condiciones psicopatológicas y las condiciones sociales, que implican la interacción de la psique individual y el contexto social.

La psicoanalítica

Desde el psicoanálisis, Freud (citado por Menninger, 1972) refiere que tanto el instinto de muerte como el de vida están en constante conflicto e interacción. Ambos poseen una dirección interna y externa. Esto genera un tipo de equilibrio frecuentemente inestable que se alcanza y se mantiene, hasta que es perturbado por diferentes factores que obligan a un reajuste y reacomodo.

La escapatoria de una situación vital intolerable...
Karl Menninger

Como autodestrucción

Como principio, existe en todos nosotros la capacidad de la autodestrucción. Para que esta autodestrucción surja y se haga efectiva, deben conjugarse circunstancias y factores determinantes.

Elementos del suicidio

El psiquiatra estadounidense Karl Menninger (1972) define el suicidio como "la escapatoria de una situación vital intolerable". En el suicidio se conjugan víctima y perpetrador en una sola persona.

Este autor sugiere que el suicidio consta de tres elementos:

- El deseo de matar
- El deseo de morir
- El deseo de ser matado

¿Por qué matarse a uno mismo y no a otro? Porque existe una resistencia ofrecida por la realidad, en la que se presume al objeto externo como más poderoso, o por el temor a las consecuencias, como ir a la cárcel o ser avasallados por la culpa y el cargo de conciencia. Desde la perspectiva psicoanalítica, todos creamos representaciones internas de los otros. De esta manera, al matarnos acabamos con el otro que tenemos en esa representación interna.

En la década de 1950 se consideraba que solo los enfermos mentales se quitaban la vida. Sin embargo, nuevas teorías cuestionaban este planteamiento defendiendo entonces la tesis de que no todo suicida es psicótico, así como la de que no todo psicótico se suicida.

La logoterapia

Desde otro punto de vista, Viktor Frankl (1991), padre de la logoterapia, entiende el suicidio como el resultado de un vacío existencial en el que la persona ha perdido el sentido de su vida. Considera de suma importancia que el hombre encuentre un sentido de vida.

Viktor Frankl estuvo internado en un campo de concentración donde observó cómo aquellos que, por ejemplo, mantenían el anhelo y la esperanza de reencontrarse con sus seres queridos o de regresar a sus actividades, se mantenían con vida pese a lo inhumano de la situación por la que atravesaban. A partir de estas observaciones desarrolló la logoterapia como escuela de pensamiento.

El hombre en esa búsqueda de sentido puede emplear como medios el placer, el prestigio y el poder, pero si en vez de medios los convierte en un fin, experimentará apatía, aburrimiento y frustración existencial. Un hombre sin

Un hombre sin sentido de vida termina por enfermar y, al querer acabar con ese vacío existencial, puede buscar huir de sí mismo.

sentido de la vida termina por enfermar y al querer acabar con ese vacío existencial, puede buscar huir de sí mismo.

De esta manera "el suicidio puede parecer un síntoma de patología mental, pero, más que esto, posee un valor afectivo y ético, un significado existencial" (Moron, 1992).

Factores causales

El psiquiatra francés Pierre Moron (1992) plantea que, de la misma manera que existe un umbral para el dolor físico, el cual varía de una persona a otra e incluso en la misma persona a lo largo de su vida, existe un umbral para el dolor psíquico o emocional.

Así, engloba los factores causales del suicidio en dos grupos.

Solo las personas que no tienen miedo a la muerte son capaces de suicidarse.

a) Las influencias propiciatorias (físicas, geodemográficas, somáticas, psicológicas, sociales, religiosas y debidas a acontecimientos políticos, sociales y económicos).
b) Los elementos psicopatológicos (estados depresivos, esquizofrenia, delirios crónicos, demencias, entre otros).

La interpersonal

Thomas Joiner propone una teoría interpersonal sobre el suicidio, en la que explica que hay tres componentes que una persona debe poseer para intentar un suicidio:

• El deseo de morir.
• La falta de apegos importantes.
• La ausencia de miedo a la muerte.

Este estudioso asegura que solo las personas que no tienen miedo a la muerte son capaces de suicidarse. Esto difiere mucho de lo que algunos creen acerca de que el suicidio es un acto de cobardía. Según Joiner, en algunos casos puede haber incluso un proceso dual, en el que la mente desea morir y el cuerpo se resiste. Una vez que la mente manda el mensaje de atentar contra la vida, el cuerpo puede responder tendiendo a la vida.

Presenta como ejemplos de esto a personas que se ponen en situaciones de riesgo, como ubicarse en el punto más alto de un puente o en unas vías del tren y en última instancia, frente a la inminencia del acto, su cuerpo determina una huida.

Umbral para el dolor psíquico o emocional

El suicidólogo y tanatólogo estadounidense Edwin Shneidman (1982), quien acuñó conceptos como el de suicidología y otros como el de autopsia psicológica y posvención, propone una —a mi parecer— sencilla pero efectiva reflexión sobre el tema del suicidio.

> De la misma manera que existe un umbral para el dolor físico, el cual varía de una persona a otra e incluso en la misma persona a lo largo de su vida, existe un umbral para el dolor psíquico o emocional.
>
> *Edwin Shneidman*

Con ello quiere decir que si el dolor emocional de alguien se acerca, en un momento particular de su vida, al umbral, la persona puede llegar a considerar el suicidio como una alternativa de alivio o salida de dicho dolor. El autor se aleja de las ideas que buscan explicar el suicidio sobre bases biológicas y genéticas, para dar paso al dolor como explicación común a todos estos actos.

Esto es revolucionario porque no estigmatiza a quien lo intenta o lo lleva a cabo y permite a los demás hacer una lectura mucho más compasiva del suicidio. ¿Quién de nosotros está libre de sufrir dolor en esta vida? NADIE. ¿Puede este dolor llegar a tocar nuestro umbral? Sí, en muchas ocasiones. Desde esta mirada, el suicidio se considera como resultante de una crisis emocional intensa.

Factores psicológicos

Por consiguiente, en los casos de suicidio se identifican dos factores psicológicos:

> Detrás del suicidio hay una idea, un plan de acción. ~

- El primero se refiere a la perturbación o dolor. Aquí se engloban el grado de molestia, desesperanza, enojo, agonía o desesperación que caracterizan al dolor psíquico. Este dolor intenso motiva a la persona a pensar que algo no está bien y debe resolverlo. En un principio solo existe el sufrimiento, sin un plan definido, y sin la conciencia de que para sobrellevarlo alguien puede incluso poner fin a su vida.
- El segundo se refiere a lo mortal, una vez que la persona ha llegado a la conclusión de que el suicidio es la única forma de resolver su situación. Detrás del suicidio hay una idea, un plan de acción. Esta idea poco a poco se vuelve recurrente, casi obsesiva, y le impide a la persona vislumbrar soluciones alternativas.

La persona que se encuentra en este momento del proceso puede manifestar en sus intentos de solución un patrón constante y regular. Es posible que la idea del suicidio haya aparecido previamente como una alternativa, pero fue rechazada una y otra vez. Sin embargo, si el dolor emocional rebasa su umbral, puede considerarse viable recurrir a ella.

Características del suicidio

Shneidman también propuso que existen diez características comunes a todo suicidio:

1. El propósito es buscar una solución.
2. El objetivo común es el cese de la conciencia.
3. El estímulo común es el insoportable dolor psíquico.
4. El estresor común son las necesidades psicológicas in-
   satisfechas.
5. La emoción común es la desesperanza.
6. El estado común es la ambivalencia.
7. El estado perceptual común es la constricción (visión
   túnel).
8. La acción común es escapar.
9. El acto interpersonal común es la comunicación de la
   intención suicida.
10. El acto común es la consistencia permanente de los
    estilos de vida.

> Toda persona que se suicida posee un grado importante de dolor emocional.

Entender el suicidio desde la perspectiva del dolor emocional es fundamental, pues hay, y habrá siempre, diferencias
entre individuos que intentan suicidarse o que consuman
un suicidio. Diferencias tanto en circunstancias, como en
aspectos interpersonales (su relación con otros), o en aspectos intrapersonales (características físicas, genéticas, biológicas, trastornos de personalidad, entre otros).

Pero lo que toda persona que se suicida posee es un
grado importante de dolor emocional.

Este enfoque no juzga, ni pretende estigmatizar, etique-
tar o moralizar el acto del suicidio. Simplemente entiende
que los seres humanos estamos expuestos en el transcurso
de nuestra vida a diferentes grados de dolor emocional.

**No todos
los suicidas
padecen una
enfermedad
mental.**

¿Hay presente alguna enfermedad mental?

Con frecuencia nos preguntamos si la persona que se suicida padece alguna enfermedad mental, dado que se acos-
tumbra asociar el suicidio con la depresión y los estados
psicóticos. También se sabe que muchos suicidios se llevan
a cabo bajo la influencia de alcohol o drogas. Entonces,
¿aquel que se suicida está loco?

La respuesta a esta pregunta se plantea en forma un
tanto distinta. Sí, muchas personas que padecen de sus facultades mentales manifiestan grados importantes de impulsividad, lo cual puede llevarlas a volcar su agresión tanto
hacia otros como hacia sí mismos. Sin embargo, esto no es
una ecuación que funciona a la inversa. No, no todas las
personas que intentan suicidarse padecen una enfermedad
mental.

Como ya se señaló, un factor común en todos los casos
de suicidio es la existencia del dolor, como también lo es la
desesperanza que resulta cuando, pese a reiterados intentos de la persona para salir adelante, el dolor no aminora y
se pierde la esperanza de encontrar alternativas de solución
que puedan cambiar su situación.

El suicidio, como una de las tantas formas de muerte,
no solo amenaza con exponer el temor presente ante esta
y el recuerdo de la propia mortalidad, sino que también
resalta la capacidad autodestructiva del ser humano.

TIPOS DE SUICIDIO

Las conductas autodestructivas son de dos tipos:

- Directas, que son las que llevan a una muerte inmediata.
- Indirectas, como beber en exceso, consumir drogas,
correr riesgos innecesarios, entre otras.

Las conductas autodestructivas indirectas también pueden considerarse como suicidios lentos, ya que, aunque la persona no sea consciente de ello, su comportamiento está orientado hacia la muerte.

En relación con la motivación, las muertes por suicidio también pueden calificarse como:

- Intencionales, en las que la persona, de modo activo y deliberado, actúa en su propia muerte.
- Subintencionales, en las que la persona participa, en forma parcial, inconsciente o encubierta, en su autodestrucción.

La persona adopta creencias y somete la voluntad propia a la del grupo.

Tipos según Durkheim

El sociólogo francés Emile Durkheim (1986) hace una distinción interesante entre tres tipos de suicidio:

- *Egoísta*. En este caso lo que mueve a la persona es una fuerza individualista. Los factores internos tienen un peso importante. El individuo no está adaptado a su entorno ni a los cánones sociales y este aislamiento lo lleva a refugiarse en sí mismo. Un ejemplo pueden ser los sujetos que asesinan a otros por el simple hecho de existir y luego se quitan la vida. Hoy día esto sucede con frecuencia en escuelas y espacios de trabajo en Estados Unidos.
- *Altruista*. Este tipo de suicidios es contrario al suicidio egoísta. La persona adopta creencias y se suma a grupos en los que la voluntad propia se somete a la del grupo. Existe en ella una fuerte carga social y su muerte significa un sacrificio. Un ejemplo podrían ser los militares.
- *Anómico*. Se refiere a los perpetrados por personas que se encuentran en crisis por situaciones de la vida como desempleo o desamor, entre otras. Es el resultante de una pérdida de sentido o dirección.

Según otros autores

Otros autores describen un tipo más de suicidio que se conoce como autocidio y se refiere a correr riesgos conduciendo demasiado rápido y sin precaución. Habitualmente ocurren al conducir solo.

La autora estadounidense Adina Wrobleski (1995), especialista en el tema, asegura que en los casos de suicidio, lo externo actúa únicamente como un disparador, pero no es la causa del evento. El satanismo, la música, la imitación, pueden ser ejemplos de disparadores, pero nadie le da la idea a una persona de matarse si ella no lo ha contemplado antes. Nadie es responsable del suicidio de otro.

Esta misma autora afirma que el suicidio no es un acto de valentía y tampoco uno de debilidad. No se trata de un acto moral, sino más bien de un acto de salud. Y lo denomina como tal, porque requiere un tratamiento, médico o psicológico o una combinación de ambos. El suicidio no siempre tiene un mismo fin u objetivo o un mismo factor precipitante.

Existen concepciones erróneas sobre el tema del suicidio y es importante revisar los mitos al respecto.

> Existen concepciones erróneas sobre el tema del suicidio.

MITOS SOBRE EL SUICIDIO

1. "Las personas que hablan o amenazan con suicidarse no lo llevan a cabo." La realidad es que todo aquel que habla o amenaza con suicidarse debe ser tomado en serio. Se corre peligro al ignorar estas señales. Una persona que habla de morir o de matarse, comunica un mensaje importante, lo lleve a cabo o no.
2. "Los suicidios ocurren sin previo aviso." Los suicidios sin previo aviso son extremadamente raros; sin embargo, a menudo es más fácil ver las señales enviadas antes de cometer el acto en sí una vez que este, lamentablemente, se ha consumado.

3. "Los que se suicidan están locos." El suicidio no es necesariamente un acto irracional, ni producto de una mente enferma. Ya dijimos que es verdad que muchos psicóticos se suicidan, pero no todos los que se suicidan están psicóticos.

4. "Los suicidas quieren más que nada morir." Más que morir, los suicidas buscan terminar con el dolor que los invade y escapar de sus sentimientos.

5. "El suicidio es hereditario y prevalece en algunas familias." Si bien hay factores sociales y psicológicos que llegan a inducir al suicidio, incluso dentro de una familia, no existen factores genéticos o biológicos que predispongan a este, pero sí los estados de depresión o esquizofrenia, por ejemplo.

6. "Una persona que intenta suicidarse será un suicida siempre." La crisis suicida puede ser de carácter temporal y es posible superarla.

7. "Las personas que intentan suicidarse y fallan no vuelven a intentarlo por vergüenza." Las estadísticas indican que no son tan frecuentes los segundos intentos; no obstante, si tras el primero no hubo una intervención adecuada, es posible que se repita.

8. "Todos los suicidas dejan una nota póstuma." Solo en 15% de los suicidios consumados se encuentra una nota póstuma. Por carecerse de este aval, muchos de estos actos no se consideran suicidios. A falta de una nota póstuma el suicidio puede presentarse como un acto resultante de otra causa.

9. "La transmisión de suicidios por televisión aumenta la incidencia de estas tragedias entre adolescentes." En algún momento se pensó así, pero hoy se sabe que a nadie se le puede dar la idea si no lo ha considerado con anterioridad.

10. "Los suicidios colectivos se han incrementado." Los suicidios colectivos no son frecuentes, más bien son los que reciben más atención y difusión de los medios.

11. "El mayor número de suicidios ocurre durante los

Es más fácil ver las señales enviadas con anterioridad al acto una vez que este, lamentablemente, se ha consumado.

Hombres y mujeres intentan por igual el suicidio, pero las mujeres no siempre lo consuman.
∾

días festivos." Festividades como la Navidad poseen un factor protector y brindan a las personas un sentido de vida y de esperanza. Este tipo de festividades ofrecen identidad y sentido de pertenencia. Si bien muchas veces son motivo de una sensación de vacío y soledad, las personas suelen no atentar con tanta frecuencia contra su vida en esos momentos sino una vez pasada la festividad.

12. "La mayoría de los suicidios ocurre durante la noche." Los suicidios pueden ocurrir a toda hora.

13. "Las mujeres amenazan con el suicidio mientras que los hombres son quienes lo llevan a cabo." Desde hace muchos años se sabe que los suicidios consumados son más frecuentes entre hombres que entre mujeres (tres a uno) (INEGI, 2011, Wrobleski 1995). Hombres y mujeres lo intentan por igual, pero las mujeres no siempre lo consuman, a diferencia de los hombres que suelen usar métodos más letales. En términos sociales, a las mujeres les resulta más fácil pedir ayuda de tipo emocional que a los hombres. El hombre tiene que mostrar su virilidad hasta en su intento de muerte, mientras que aun en estas circunstancias en la mujer prevalece un culto a la belleza que señala que no debe atentar contra su cuerpo.

14. "El suicidio ocurre con mayor frecuencia entre minorías, pobres e ignorantes." El dolor no distingue raza, clase ni educación. Todos sin distinción sufrimos por diferentes causas. Aun así, tras muchos suicidios se encuentra que un gran factor precipitante fueron los problemas económicos.

15. "Las personas que practican alguna religión tienden menos al suicidio." Es verdad que la religión ofrece un factor protector frente al suicidio por el temor al pecado; por ejemplo, en la religión católica se considera que si Dios da la vida, solo Él puede quitarla. No obstante, cuando el dolor es significativo, las creencias religiosas pueden pasar a segundo término.

16. "No se le debe hablar a una persona de suicidio porque se le podría dar la idea de intentarlo". Es importante tomar en serio nuestra inquietud acerca de la vida de otros y explorar el riesgo real en que se encuentra una persona. Preguntar e indagar no "le da la idea de suicidarse", a menos que ya lo haya contemplado. De ser así, dialogar sobre el suicidio puede ser un medio importante para prevenirlo.

SUICIDIO Y SOCIEDAD

En las sociedades primitivas, el suicidio se consideraba aceptable cuando se trataba de un acto heroico en el transcurso de una guerra, por ejemplo. Los apóstoles no denunciaban el suicidio y en el Nuevo Testamento únicamente se menciona de forma indirecta. A principios de la era cristiana, los religiosos no lo condenaban porque eran víctimas de persecución.

Durante el siglo XIII, el suicidio representaba algo imperdonable.

No fue sino hasta el siglo IV cuando el suicidio se instauró como pecado con el fin de prevenir el alto número de eventos de este tipo. Entonces, no solo se catalogó como un pecado, sino también como un crimen. San Agustín se refirió a él como una violación del sexto mandamiento "No matarás", por lo que se condenaba con fuerza.

En los siglos siguientes se imponían terribles castigos a los suicidas y a sus familias. Para el siglo XIII, el suicidio representaba algo imperdonable. Como castigo, no se permitía que los cuerpos fueran enterrados en tierras sagradas. Las familias sufrían la confiscación de su dinero y la pérdida de sus casas. Durante los siglos que Occidente vivió dominado por el cristianismo, el suicidio fue considerado un crimen horrible. El cuerpo sufría diferentes humillaciones y no se permitía realizar los ritos ordinarios después de la muerte.

En la cultura hebrea también existe esta creencia de que Dios es el creador del Universo y, por tanto, el cuerpo del hombre le pertenece. Por ende, en esta también se condena el suicidio.

En nuestros días prevalecen los tabús y estigmas en los casos de muerte por suicidio.

∽

Entre griegos y romanos el suicidio incluso fue legalizado, siempre y cuando se debiera a un sufrimiento físico o psíquico. No era aceptado si representaba una forma de escape o de cobardía. Tuvo que llegarse al siglo XX para que desaparecieran los últimos estatutos que hacían del suicidio un crimen. Hoy la mayoría de las instituciones religiosas no lo señalan como un pecado ni como un acto diabólico, aunque esto no quiere decir que se apruebe, y sí se considera un acto de dolor.

Hablemos ahora de las sociedades actuales, para las que tabú se refiere a la forma en la que en su seno se censura algo aparentemente tan terrible que no debe mencionarse ni darse a conocer. Por su lado, estigma habla de la marca de culpa y vergüenza de las personas que rompen dicho tabú.

En nuestros días, estos tabús y estigmas tristemente prevalecen en los casos de muerte por suicidio. Ambos dificultan en gran medida el proceso de sanar tras experimentar la muerte por suicidio de un ser querido debido a este fenómeno.

SUICIDIO Y ESTADÍSTICA

Las estadísticas a este respecto deben tomarse con reserva. Dado que conllevan un estigma social, no todas las muertes por suicidio son reportadas como tales, pues las familias prefieren ocultarlo o negarlo. En algunos casos, la causa de muerte puede resultar ambigua y deja abierta la posibilidad de calificarse, por ejemplo, como un accidente; en otras ocasiones, la familia puede ocultarlo con la intención de cobrar el seguro de vida contratado por la víctima. En los casos en que interviene el consumo de alcohol u otras drogas, la causa del deceso se atribuye a estos. Decir que murió por una sobredosis de sustancias los salva de la intencionalidad de su muerte.

Tanto las estadísticas mundiales como las de México muestran un incremento importante en el número de suicidios ocurridos. Se considera que en los últimos 30 años ha habido un aumento de 300% en nuestro país y en el periodo transcurrido entre 1990 y 2012, la cifra pasó de 1 941 suicidios a 5 549 respectivamente (INEGI, 2012).

Entre 1990 y 2012, la cifra pasó de 1 941 suicidios a 5 549.

Y esto no es todo. El autor estadounidense John H. Hewett (1980) señaló que, al no ser confiable la estadística relacionada, el número de suicidios puede calcularse como tres veces mayor al reportado.

Cuando se trata de analizar las estadísticas de suicidio se pretende llegar a una tendencia en frecuencia según distintos indicadores.

Género: como ya vimos, el malestar emocional es muy personal y lo que perturba a uno puede no perturbar a otro. Sabemos ya que los suicidios consumados son más frecuentes entre hombres que entre mujeres, rondando la estadística entre tres a uno y cuatro a uno (INEGI, 2012, Wrobleski, 1995). Esta tendencia ha prevalecido durante largo tiempo. En México, en 2012, de un total de 5 549 suicidios registrados, 19.4% correspondió a mujeres y 80.6%, a hombres.

Método: en ambos casos, las personas recurrieron con mayor frecuencia al ahorcamiento. En segundo lugar los hombres recurrieron a un disparo por arma de fuego y las mujeres, al envenenamiento por medicamentos y otras sustancias.

Edad: la edad más frecuente para ambos sexos fue entre los 20 y los 24 años de edad. Pero las crisis emocionales no conocen edad ni se limitan a un momento de vida.

La incidencia de suicidios en adolescentes también ha tendido a aumentar. En 2012 se registraron 826 suicidios de adolescentes de 15 a 19 años de edad, lo que representa una tasa de 7.4 muertes por cada 100 000 adolescentes.

Razones: las razones por las cuales una persona puede intentar suicidarse varían según el momento de vida por el que atraviesa.

En la juventud la persona puede estar sufriendo su primera ruptura amorosa o algún problema académico o de relación con sus pares, como el *bullying*. Estas son situaciones de estrés frecuentes en los jóvenes.

La adolescencia es una etapa de cambios físicos y psicológicos que dejan al chico en un estado vulnerable, poniendo en riesgo tanto su salud física como su bienestar.

> La adolescencia es una etapa de cambios físicos y psicológicos que dejan al chico en un estado vulnerable.

Desde esta óptica, se observa que entre los adolescentes se presenta ahora un fenómeno de alienación, despersonalización y desculturalización y mucho como resultado de las redes sociales. Los chicos están más conectados pero menos vinculados. En las escuelas están sucediendo procesos de victimización, lo que genera un síndrome de indefensión aprendida. Los chicos hoy en día muestran dificultad para integrarse socialmente, situación que los deja en estado de vulnerabilidad.

En la mediana edad la preocupación puede ser de otra índole, como el desempleo, la situación económica o la vida familiar. En una edad avanzada, encontramos cuestiones de salud física y la pérdida de seres queridos.

La Organización Mundial de la Salud (OMS) considera que los adolescentes conforman el grupo más vulnerable para llevar a cabo un suicidio. Asimismo, que la depresión y los trastornos por consumo de alcohol son un factor que aumenta el riesgo en Europa y América Latina, mientras que en Asia se relaciona más con factores de impulsividad en la conducta.

Cantidad: en lo que se refiere a la estadística mundial, la OMS estima que consuman el suicidio casi un millón de personas cada año y un promedio de 3 000 personas cada día. Por lo menos 20 lo intentan por cada una que lo logra. Según este mismo organismo, en los últimos 45 años la tasa de suicidio se incrementó en 60% a nivel mundial.

En algunos países, el suicidio es una de las tres primeras causas de muerte de personas entre 15 y 44 años de edad.

EL PROCESO SUICIDA

Hoy sabemos que el suicidio no es solo un evento que ocurre en un momento determinado, sino el resultado de un proceso más complejo y que se prolonga por más tiempo.

Este acto no ocurre en forma repentina, ni tampoco impredecible o inevitable. Es posible que la persona que lo intenta esté en un proceso autodestructivo previo y el suicidio resulta el último paso de su falta de adaptación.

Wrobleski (1995) lo expresa de esta manera: "El suicidio es una conducta que varía en grados. La conducta suicida es un continuo del 0 al 100, en donde el 100 es la muerte. Toda conducta por debajo de 100 es un intento desesperado de encontrar otras soluciones que no sean la muerte".

El proceso suicida se divide en tres momentos: ideación, conducta y acto.

> El suicidio no es solo un evento sino el resultado de un proceso más complejo.

Ideación

Es "normal" que se piense en la propia muerte e incluso en el suicidio. En algunas conferencias sobre este tema con adolescentes me he atrevido a preguntar abiertamente "¿Quién ha dicho alguna vez, me quiero morir?" y he visto un sinfín de manos levantadas. Esto no quiere decir que todos aquellos que contestaron de manera afirmativa sean suicidas, o suicidas en potencia. Más bien, que reconocen las dificultades de la vida y lo arduo que en ocasiones puede parecer salir adelante.

A diferencia de ellos, en las personas que sí se suicidan, la idea surge en forma progresiva, recurrente y casi obsesiva. Quizá los intentos de encontrar una solución a su problemática hayan fallado una y otra vez.

Entonces, en muchos casos, con una "visión de túnel", no ven más allá de la muerte como escapatoria a su situación de dolor. Por consiguiente, incluso podemos cuestionarnos si el suicidio es una elección.

> En las personas que se suicidan, la idea surge en forma progresiva, recurrente y casi obsesiva.

Antes de llegar al punto límite donde parece no haber otra salida, la persona se muestra ambivalente ante la idea de morir. Esa ambivalencia podemos observarla cuando busca ayuda.

Al hacer mis prácticas profesionales en el Saptel —el sistema de línea telefónica gratuita de apoyo psicológico las 24 horas y los 365 días del año de la Cruz Roja—, me percaté de que esa ambivalencia es de la mayor importancia en el proceso de ayuda a pacientes con ideación suicida. Cada persona que llamaba y decía que estaba pensando en terminar su vida, se encontraba en ese estado ambivalente.

El deseo de vivir la había llevado a llamar, pero la idea de morir también estaba presente. Necesitábamos trabajar con rapidez para ampliar su visión de túnel y ayudarla a explorar otras salidas.

Recuerdo que en esos momentos tomaba muy en cuenta que las crisis suicidas son temporales y, con base en esto, permanecíamos al teléfono mientras la angustia y la desesperación cedían. Solíamos pedirle autorización para contactar a un tercero que pudiera cuidarla mientras pasaba la crisis.

Cuando la persona se encuentra en esta primera etapa del proceso, el trabajo a realizar es de prevención, esto es, tomar medidas que ayuden a evitar un desenlace perjudicial.

Conducta suicida

En este segundo momento, la idea empieza a tomar forma y poco a poco se concreta en acciones.

Por desgracia, estas acciones suelen observarse en retrospectiva una vez que la persona consuma el suicidio. Y no porque sea imposible notarlo, sino porque es doloroso y resulta más fácil negarlo.

Se sabe de estas conductas por "autopsias psicológicas" que en ocasiones se les hacen a las personas cercanas al suicida.

Es esencial tomar las siguientes conductas y sus ejemplos como señales o factores de riesgo:

• Afirmaciones de impotencia

"No puedo salir de esta situación en la que me encuentro."
"Por más que lo intento, nada cambia."

• Afirmaciones de desesperanza

"La vida no tiene sentido."
"He perdido toda mi ilusión."

• Afirmaciones de devaluación

"Soy un bueno para nada."
"Nada me sale bien."

• Comentarios sobre suicidio

"Sería más fácil no existir."
"Me quiero morir."

• Preocupación por la muerte

Raúl, de 13 años, vive preocupado porque algo le pase a él o a alguno de sus familiares. Cuando su padre se va a trabajar, siempre le da la bendición y le pide que maneje con cuidado. Raúl despierta por las noches con pesadillas en donde siente que alguien lo ataca y lo mata. Habla constantemente del tema de la muerte y muestra una fuerte ansiedad por la vida.

• Cambios de ánimo

Isabel, de 35 años, se dedica toda la semana a una jornada de trabajo intensa. Mientras se siente productiva, su estado de ánimo es bueno; sin embargo, los fines de semana, cuando sale de la rutina laboral, se siente sola y deprimida. Solo si se encuentra en compañía siente que su estado de ánimo mejora.
Hay días en que sin razón aparente, siente deseos incontenibles de llorar y quedarse en cama.

• Pérdida de interés en cosas que antes eran importantes

Manuel, de 50 años, perdió su empleo hace un año y teme que por la edad no sea capaz de conseguir otro. En los primeros meses de desempleo se dedicó en cuerpo y alma a sus dos hijos mientras su esposa salía a trabajar. Hoy prácticamente no se levanta y cumplir la más mínima tarea de sus hijos le resulta casi imposible.

• Visitas o llamadas a personas significativas

María, de 24 años, ha estado muy deprimida por la ruptura con Sergio, su novio, con quien duró año y medio. Sumado a eso, no ha podido terminar su carrera profesional por cuestiones económicas. En un momento de crisis decide buscar a Sergio, quien le hace saber que ya tiene una nueva relación.

• Dejar asuntos resueltos

Roberto, de 44 años, se quedó sin empleo hace un año. La situación económica para él y su familia ha sido muy difícil y Martha, su esposa, de 42 años, ahora ha tenido que doblar turnos para poder mantenerlos. Roberto tiene un seguro de vida y hoy habla sin cesar de qué hacer para cobrarlo. Él y Martha nunca se habían planteado la idea de hacer testamento y Roberto se está asesorando sobre cómo hacer uno.

- Regalar objetos preciados

Lucía, de 23 años, terminó con su novio hace tres meses. Desde entonces se ha sentido muy deprimida. Lucía tiene un perrito que adora y le comenta a María que se lo quiere regalar porque considera que ella puede atenderlo mejor.

- Dolor emocional o físico intenso

Miguel, de 65 años, lleva 10 años en una lucha incesante contra un cáncer que aparece y desaparece. Se ha sometido a todo tipo de tratamientos, los cuales han tenido fuertes efectos secundarios en su cuerpo y, por tanto, en su rutina diaria. Hoy se siente desesperanzado y no vislumbra cuándo terminará esta lucha.

El momento culminante de la crisis suicida es cuando el agua rebosa el vaso.

- Intentos previos de suicidio en Uno de ellos

Blanca ha intentado suicidarse tres veces en diferentes momentos de su vida. Su primer intento consistió en consumir una gran cantidad de pastillas para dormir. Los intentos subsecuentes a este aumentan en el grado de violencia y en ellos trata de cortarse las venas.

- Consumo de alcohol o drogas

Carlos, de 34 años, ha seguido el modelo de su padre y se ha acostumbrado a beber en exceso e incluso a consumir drogas de distintos tipos. Se siente desesperado y poco a poco va aislándose de sus seres queridos.

Cuando existen algunas de estas conductas y se corre el riesgo de un intento de suicidio, es el momento de la intervención, orientada a tomar acciones para evitar que el acto se lleve a cabo. Puede variar desde pedir ayuda profesional o médica, hasta un internamiento.

Acto suicida

Este se refiere a poner en práctica el intento mismo. El acto o intento puede variar en cuanto a las causas y el método, los cuales podrán ser distintos según la cultura, la raza y el nivel socioeconómico de la persona. Este es el momento culminante de la crisis suicida: cuando el agua rebosa el vaso.

El acto puede quedarse en un intento fallido, y si esto sucede, lo indicado es realizar una intervención, asegurándonos primero, por supuesto, del bienestar físico de la persona. Tal vez requiera atención médica y estabilización física antes de la atención psicológica. Ya realizada la intervención médica, es necesario llevar al paciente a comprender lo sucedido y el significado que le da a la experiencia; así podrá integrarla en su vida.

Si el acto de muerte autoinfligida se consuma, provoca una serie de efectos o secuelas en los seres que rodean a la persona que lo lleva a cabo. Este será el momento de hacer una posvención con los sobrevivientes, proceso que presentaré y analizaremos en los siguientes capítulos.

¿QUÉ NOS DUELE A LOS MEXICANOS QUE NOS LLEVA AL SUICIDIO?

> El dolor es una experiencia universal. Todos los seres humanos nos dolemos y nos causamos dolor.

El dolor es una experiencia universal. Todos los seres humanos nos dolemos y nos causamos dolor de manera similar y por muchas de las mismas cosas. Sin embargo, nuestros contextos sociales tienen un alto impacto sobre nuestra experiencia personal.

Por ejemplo, el alcoholismo es un problema importante en nuestra sociedad. Coloquialmente decimos que el consumo del alcohol, así como de otras drogas, "diluye" nuestro autocontrol y esto nos lleva a comportarnos de manera más impulsiva y menos reflexiva. Igualmente, mucha gente busca que el alcohol funja como anestésico y sirva para aminorar o aliviar los dolores de la vida.

No es, entonces, raro que muchos suicidios se cometan bajo el uso de sustancias embriagantes u otras drogas. Si —lo vimos antes—, pensamos en el suicidio como un proceso, es posible que la persona bajo la influencia de alcohol u otras drogas, lo haya pensado con anterioridad, pero el consumo de estas sustancias ayudó a acelerar el paso de la ideación al acto.

La depresión es otro padecimiento frecuente en un número importante de mexicanos. La vida en una sociedad de contrastes donde coexisten la riqueza y la pobreza no es fácil. Estos contrastes generan injusticias y desigualdad, lo cual, a su vez, conduce a la delincuencia, entre otros fenómenos sociales.

Yo vivo en Quintana Roo desde hace muchos años y en este tiempo he sido testigo del aumento de la tasa de suicidios en mi estado. Y uno se pregunta ¿por qué? No cuento con la respuesta certera, pero he llegado a pensar lo siguiente.

Un elevado porcentaje de la población de este estado, en particular en las ciudades de Cancún y Playa del Carmen, está formada por migrantes. Y me incluyo. Como migrantes, nos movemos de nuestro lugar de residencia y nos alejamos de nuestras familias y mundos conocidos para establecernos y empezar a construirnos en otro lado. Como migrantes, nos vemos en la necesidad de formar nuevas redes sociales, algo que no siempre es fácil y mucho menos inmediato. Esta es nuestra primera pérdida, nuestro primer duelo.

La gente llega buscando una mejor calidad de vida y, desde la distancia, parece que esto es fácil de conseguir. El sol, el calor, la playa, parecen ofrecer una vacación permanente. Por otro lado, sabemos que el turismo es una fuente de ingreso importante y una derrama económica fundamental. Así, se piensa que habrá suficiente dinero y trabajo.

La realidad es un poco diferente.

Empezar en un lugar nuevo siempre tiene sus retos. Los contrastes que se viven en estos lugares son enormes. Una persona que trabaja en un hotel cinco estrellas como botones o como camarista no regresa a casa a vivir en las mismas condiciones en las que trabaja.

La desigualdad social y económica y la falta de oportunidades son ingredientes posibles para situaciones críticas.

Las brechas económica y social se hacen manifiestas entre una zona hotelera de lujo y una región habitacional. En esta zona, los suicidios por ahorcamiento son frecuentes y muchos se llevan a cabo con hamacas que las personas poseen y utilizan para dormir.

Esto es solo una reflexión del contexto inmediato en el que me muevo.

Pero ¿qué ocurre a nivel nacional?

La desigualdad social y económica prevalece en todo México. Con ella aparecen la pobreza, el hacinamiento, la inseguridad, el alcoholismo, la violencia intrafamiliar, el desempleo y la falta de oportunidades para lograr una vida mejor. Todos esto representa ingredientes posibles para situaciones críticas.

Lograr entender un poco más lo que el suicidio representa, nos sensibiliza como seres humanos y nos permite sentir compasión, definida como ausencia de juicio y capacidad empática.

EL SUICIDIO DESDE UN PUNTO DE VISTA ESPIRITUAL

Desde el punto de vista espiritual, la muerte no existe, ya que la vida en Dios es eterna. La "muerte" como nosotros la conocemos es solo la muerte física, en la que el alma deja el cuerpo que ya no necesita.

Para hablar del aspecto espiritual del suicidio no recurriré a una religión en particular, sino que haré una revisión más global y general del tema.

En su libro *Morir sí es vivir*, Lucy Aspra señala:

El alma, con el fin de manifestarse en el mundo material, usa un cuerpo físico por un periodo determinado y cuando ese ciclo se cumple, entonces se retrae saliendo del cuerpo. Esto, cuando sucede, es lo que se conoce como la muerte.

Por consiguiente, la muerte es solo cumplir con la experiencia terrenal. Es el momento en el que se inicia el viaje hacia la vida eterna.

En la muerte por suicidio, la persona piensa que al terminar con su vida física y con el cuerpo material, el dolor terminará también. Cuando atenta contra su propio cuerpo, pierde la posibilidad de adquirir las experiencias que el alma requiere en el plano terrenal.

Venimos al mundo a aprender y a crecer en lo emocional y lo espiritual. A pesar de que el cuerpo físico muere, la conciencia se mantiene vigente. Es decir, seguimos sintiendo y percibiendo lo mismo, ahora sin el cuerpo físico. De ahí que acabar con el cuerpo no necesariamente significa acabar con el dolor desde la mirada espiritual.

En términos espirituales, el suicidio es resultado del libre albedrío, no de un karma o castigo. En el suicidio se altera el orden natural del Universo y la responsabilidad de este acto es solo de aquel que lo lleva a cabo.

Algunas creencias indican que el alma entra en un estado de desesperanza mayor y que durará el tiempo que le haya faltado por vivir en el plano terrenal.

Esta idea puede generar dolor y angustia en el sobreviviente; pensar que, pese a todo lo vivido —incluido el suicidio mismo—, su ser querido pueda seguir sufriendo es terrible. Desde la mirada espiritual se considera que existen cosas que los familiares que están aún en el plano terrestre pueden hacer para ayudar a su ser querido.

La oración de los seres queridos que han quedado en este plano podrá ayudar a la persona fallecida. Mediante la

En la muerte por suicidio, la persona piensa que al terminar con su vida física y con el cuerpo material, el dolor terminará también.

oración el alma toma suficiente conciencia para pedir ayuda divina y dejar entonces ese estado de desesperanza.

> Corresponde solo a Dios decidir el momento exacto de la muerte de un individuo, y cualquier intervención para acortar ese proceso puede considerarse como interferencia.

Hablando en términos espirituales, el dolor purifica el alma y la prepara para el crecimiento y el aprendizaje. Abandonar la vida física, para evitar el dolor físico o emocional, es dejar la tarea incompleta. Esto contempla tanto los casos de suicidio como los de eutanasia.

EL SUICIDIO EN LAS DIFERENTES ETAPAS DE DESARROLLO

No significa lo mismo el suicidio de un niño que el de un adulto mayor. Las razones, los contextos y las formas no son los mismos.

Analicemos las diferencias.

EL SUICIDIO EN NIÑOS Y ADOLESCENTES

Los suicidios en niños carecen de una planeación como la del adulto (Cyrulnik, 2014). Los suicidios en niños muchas veces ni siquiera se clasifican como tales, pues parecen accidentes, por ejemplo, un niño que se lanza de una ventana o contra el tránsito vehicular para ser atropellado. Es difícil creer que un niño pueda atentar contra su propia vida y por eso estas muertes no se catalogan como suicidios; sin embargo, suceden.

Hoy, cada día más niños atentan contra su vida y lo logran.

Los suicidios en niños carecen de una planeación como la del adulto.

Es algo cada vez más frecuente y en números crecientes.

En su libro *Cuando un niño se da "muerte"*, Boris Cyrulnik explica que un factor que contribuye a que los menores se quiten la vida, es la *desresponsabilización* que viven hoy. Es decir, para los chicos que no asumen responsabilidades, su vida carece de sentido y se encuentran menos atados a ella.

Los suicidios en los niños parecen actos totalmente incomprensibles. ¿Qué puede dolerles tanto para desear la muerte? La vulnerabilidad emocional que los lleva a esto depende de factores internos y externos. Su biología, sus relaciones de apego y su medio ambiente serán variables fundamentales.

Si un niño biológicamente vulnerable se desenvuelve en un ambiente adecuado en el cual cuente con un vínculo contenedor, podrá desarrollar habilidades para el manejo de las diversas circunstancias de la vida.

El concepto de muerte no es igual en todos los niños y varía de acuerdo con la edad. Hasta los 7 años aproximadamente, la muerte para los niños parece un evento reversible. Así, la intencionalidad de morir no es precisamente desaparecer en forma definitiva. En esta edad la muerte es vista como una separación temporal.

La idea de muerte se construye en forma gradual en los niños y las ideas al respecto no están directamente ligadas a las ideas de darse muerte. La palabra muerte adquiere un significado más parecido al del adulto entre los 6 y los 9 años de edad.

Hay niños que desarrollan la idea de la muerte a partir del temor al abandono.

Hablamos ya de que el suicidio conlleva todo un proceso y en el caso del niño este proceso cuenta con tintes particulares. El malestar emocional que lo conduce a considerar darse muerte es diferente que en el adulto.

El intento de suicidio aparece como algo impulsivo más que premeditado. Entre los 10 y los 13 años el circuito límbico de las emociones es fuertemente reactivo pues las fibras prefrontales que inhibirán las emociones tardan en madurar hasta los 18-20 años.

Sin embargo, en estos casos y en chicos de 10 a 13, el medio ambiente juega un papel importante. Es el medio el que contiene al chico de la actuación de sus impulsos de forma inadecuada y le permite la expresión o descarga por otros medios, como el ejercicio o la expresión verbal de sus emociones.

Las niñas logran una descarga a partir de la palabra pues se sabe que son más verbales. Los niños descargan sus emociones a través del uso del cuerpo, por ejemplo, con el ejercicio que puede resultar muy útil.

Hay niños que desarrollan la idea de muerte a partir del temor al abandono.

Sentir que los padres puedan abandonarlos o dejar de quererlos representa para ellos enfrentarse a un vacío donde no se puede vivir. De tal forma, una mala calificación o la pérdida de una amistad se viven como situaciones extremas que despiertan en él la idea de darse muerte. Suicidarse en este caso no equivale al deseo de morir, sino al deseo de escapar de la angustia del abandono y del vacío.

Para que un niño pase de la ideación al acto se requiere un evento que lo desencadene. Algunos conciben la idea de darse muerte por cuestiones más de su entorno, como son la experiencia del maltrato o el abuso sexual. Ambos dañan su estructura emocional dejándolos en estados de vulnerabilidad.

> Nuestros progresos tecnológicos y educativos están provocando una disonancia neuropsicológica, una convergencia de maduraciones que no casan.
>
> *Cyrulnik*

Algunos niños tienen un alto grado de información que reciben de su ambiente y de los medios, pero no están maduros para procesarla.

Suelo plantear el siguiente comparativo a los padres: Un niño de meses tiene la capacidad para masticar y tragar, pero eso no quiere decir que su cuerpo esté listo para digerir todo tipo de alimentos.

Un niño puede ver las noticias en la televisión, sabe usar una computadora para navegar y hacer sus tareas escolares, pero no está emocionalmente maduro para la información que puede encontrar. Esta diferencia entre su capacidad intelectual o física y la capacidad emocional para "digerir la información del medio" podría causarle ansiedad, que sería como en el caso del bebé al que se le da, por ejemplo, huevo y le va a causar malestar.

En el caso de los adolescentes puede llegar a presentarse el "efecto Werther". Este término nace en 1774 cuando Goethe publicó el libro *Las penas del joven Werther*, personaje que se suicida por cuestiones amorosas. El libro provocó una ola de suicidios.

> Los adolescentes se identifican con modelos y figuras en esta etapa porque están en busca de su identidad.

Los adolescentes se identifican con modelos y figuras en esta etapa porque están en la búsqueda de su identidad. Sin embargo, un chico que no tiene vulnerabilidad emocional, ambiental y biológica no imitará estos patrones.

En el caso de niños menores no es tan importante seguir el ejemplo de otros y su malestar no gira tanto en torno a la pertenencia social sino a su mundo interno. Las crisis sociales han debilitado las estructuras familiares y, por consiguiente, causan una sensación en los niños de mayor soledad.

Los niños pasan la mitad de su tiempo en las escuelas. Para muchos, estas son espacios que disfrutan, pero para otros son fuente de dolor emocional cuando se enfrentan a dificultades académicas, problemas de adaptación o socialización e incluso *bullying*. Cómo se encuentra el niño en este espacio puede ser una variable importante para el desarrollo de la idea de quitarse la vida.

EL SUICIDIO EN LA MEDIANA EDAD

Son diferentes los motivos de los suicidios que ocurren en esta etapa del ciclo vital. Seguramente a estas alturas la identidad ya está más establecida y la personalidad, más definida. Para bien o para mal, ya se fijaron patrones de conducta y formas de lidiar con las carencias propias.

En esta etapa surgen como temas importantes las relaciones de pareja, el matrimonio, los hijos y la productividad laboral y económica. Cómo llegamos a esta etapa y las expectativas que teníamos de ella jugarán un papel importante en nuestro estado emocional.

Es momento para gozar lo logrado y cambiar el rumbo.

"¿Me casé con la persona adecuada? ¿Estoy en una relación saludable y armoniosa?".

"¿Tengo los hijos que esperaba y soy el padre o madre que quería?".

"¿He logrado mis metas laborales y me siento satisfecho con mi capacidad económica?".

Estas son algunas preguntas que nos hacemos a la mitad de la vida. Esta época es un momento para mirar atrás y sentir satisfacción por lo logrado o que aún se considera viable para cambiar el rumbo.

En esta etapa puede aparecer el malestar emocional por no haber logrado las metas previstas. No estar donde se quiere y sentir que el tiempo tras la siembra ha pasado y no hay mucho que cosechar causa dolor o insatisfacción.

Aquí pueden aparecer la desesperanza y la frustración junto con el deseo de terminar con la vida. Los problemas económicos y los problemas de pareja y familiares son causas que se reportan como frecuentes en las autopsias psicológicas.

EL SUICIDIO EN LOS ADULTOS MAYORES

Al igual que los adolescentes, la población de adultos mayores presenta una tasa importante de suicidios.

En el caso del adulto mayor las causas más frecuentes de la ideación o intento suicida son la depresión, otras enfermedades o la pérdida de facultades con las que antes se contaba.

La depresión puede deberse a diversos factores. El aumento en la esperanza de vida no ha contemplado que el adulto mayor pasa muchos años lejos de la vida productiva. ¿Qué ocurre después de la jubilación? Para una persona que durante muchos años ha trabajado y basado su bienestar en su productividad, el cese de la misma puede vivirse como la pérdida de rumbo. Ahora ¿qué sigue? Se siente aún joven y capaz; posiblemente cansado por los años de intensa dedicación al trabajo, pero con muchos años de vida por delante. Es posible que vislumbre como inciertas tanto su situación económica futura como su salud física. La mente puede estar intacta, pero tal vez el cuerpo ya no. O viceversa.

En esta edad intervienen la depresión, otras enfermedades y la pérdida de facultades.

El adulto mayor enfrenta las pérdidas de sus seres queridos, sus contemporáneos. Junto con ellas viene el recordatorio de la inminencia de su propia muerte. ¡Y esto es doloroso! Asimismo, vive con mayor frecuencia el aislamiento social, al encontrarse lejos de la familia o en asilos.

En esta etapa de la vida suele hacerse un balance de los logros de la vida y suponer que no queda mucha para modificar las experiencias. El balance resultante tendrá una repercusión importante frente al estado emocional. Muchos adultos mayores refieren que les falta motivación para seguir adelante pues ya la vida les ha pasado. La falta de sentido en esta etapa cobra un número importante de vidas.

El tema del suicidio es amplio y complejo, con implicaciones sociales, emocionales, culturales y más. Es fundamental entenderlo con la mayor amplitud y sensibilidad posibles. Como ya decíamos, el dolor y la desesperanza son el factor común que nos acerca a todos los que estamos vivos a la experiencia del suicidio. En la medida en que comprendamos mejor el tema y sepamos que es parte de la experiencia humana, trabajaremos para poder tener una actitud compasiva al respecto.

Tanto el sui-
cidio como
el proceso de
duelo pueden
entenderse
desde diferen-
tes lugares.

En el siguiente capítulo hablaremos del tema del duelo y qué sucede cuando ocurre la pérdida. Tanto el suicidio como el proceso de duelo pueden entenderse desde
diferentes lugares. Al ampliar nuestra concepción de estos
temas, podremos hacerles frente con mayor sabiduría y claridad.

L LECTURAS SUGERIDAS PARA ESTE CAPÍTULO

Aspra, L. (2003). *Morir sí es vivir.* Ciudad de México: Alamah.
Cyrulnik, B. (2014). *Cuando un niño se da "muerte".* Barce-
      lona: Gedisa.
Eguiluz, L., Córdova, M. y Rosales, J. (2013). *Ante el suicidio.*
      Ciudad de México: Pax.
Joiner, T. (2006). *Why People Die by Suicide.* Cambridge:
      Harvard University Press.
Quintanar, F. (2008). *Comportamiento suicida: perfil psicológico
      y posibilidades de tratamiento.* Ciudad de México: Pax.

G GLOSARIO

AMBIVALENCIA. Se refiere a que pueden coexistir dos emociones o estados de ánimo opuestos.

DESESPERANZA. Estado de ánimo en el que no se tiene esperanza o se ha perdido.

ESQUIZOFRENIA. Tipo de psicosis relacionada con un grupo
de enfermedades mentales caracterizadas por la alternación
de la personalidad, las alucinaciones y la pérdida del contacto con la realidad.

ESTADOS PSICÓTICOS. Psicosis es un término utilizado en la
psicología y la psiquiatría para describir un estado mental
alterado caracterizado por el alejamiento de la realidad. Las

personas en estados psicóticos suelen presentar alucinaciones o delirios.

IMPULSIVIDAD. En psicología impulsividad se refiere a la tendencia a reaccionar sin antes pensar. Coloquialmente se dice "le ganó el impulso".

LOGOTERAPIA. Escuela de psicoterapia creada por Viktor Frankl que se centra en el significado de la experiencia humana. Encontrar el sentido de vida es contemplado como uno de los principales motivadores de la vida del ser humano.

PSICOANÁLISIS. Método terapéutico creado por el médico y neurólogo Sigmund Freud para la investigación y el tratamiento de enfermedades mentales y que da mucha importancia a los procesos inconscientes en la conducta humana.

TANATOLOGÍA/TANATÓLOGO. La tanatología estudia todo lo relacionado con la muerte; por tanto, el tanatólogo es el estudioso de la muerte.

EXPERIENCIA COMPARTIDA: LOURDES

Vibrar intensamente ante la pérdida de un hijo

Lourdes perdió a su hijo adolescente hace casi tres años. Pedro atentó contra su vida ahorcándose.

Al encontrarlo, Pedro es llevado de inmediato al hospital, donde recibe atención médica de urgencia. Tras un par de días, Pedro no logra sobrevivir.

Al principio lo que vive Lourdes es un shock enorme. Le reza a Dios con la esperanza de que Él logre salvar a su hijo y promete enmendar cualquier situación que le sea posible para recuperarlo.

Lourdes piensa "Si él no la libra, yo tampoco". La intensidad de sus emociones la hace pensar en el suicidio propio.

En el hospital el doctor le comenta que su hijo necesitará terapia y ella recuerda decir "Claro que lo llevaré a terapia", pensando en que el evento no tendría una consecuencia terminal.

Hoy, se da cuenta de lo que le ocurrió. En ese momento la negación apareció como un intento de protegerla de la intensidad de lo que vivía. Y no le ocurrió solo a ella. Lourdes me platica que estuvo muy acompañada por otros en esos momentos y varios le hicieron saber que conocían a otras personas que habían pasado por un intento de suicidio y lo superaron. Todos mantenían la esperanza de que esto no tuviera un desenlace trágico, todos lo necesitaban.

Cuando finalmente Pedro no logra sobrevivir, el tormento de Lourdes se intensifica.

Por un lado aparecen las preguntas "¿por qué?", acompañadas de mucho enojo contra su hijo, contra Dios y contra todos, y "¿cómo pudo hacer esto?".

Lourdes dice que estos pensamientos aparecían en forma obsesiva, recurrente e invasiva, perturbando su sueño. Los pensamientos traían consigo imágenes terribles que la angustiaban. Pasaba horas enteras del día buscando respuestas frente a la computadora y en libros. Sentía una necesidad enorme de platicar de lo sucedido a Pedro. Hablar de ello le resultaba esencial, pero si entraba en detalles, conmocionaba a los demás. En una ocasión se encontraba en una tienda y sin querer las lágrimas inundaron sus ojos. La dependienta preguntó qué ocurría y Lourdes le compartió lo sucedido. Así se permitió compartir y hablar de su experiencia sin temor de cimbrar al otro con tanta intensidad por la distancia emocional que otros tenían de la situación.

En un episodio, Lourdes se encuentra pensando en el suicidio y se propone ponerse en la situación en la que estuvo Pedro, para com-

prender qué sintió y qué pasó por su mente al hacerlo. Podría parecer extraño y difícil de entender, pero ella transmite que se llega a estos pensamientos por la intensa necesidad de desenmarañar lo ocurrido. El dolor de la duda y de las preguntas sin respuesta que siembra el suicida en el sobreviviente, lo conducen a un estado de confusión y a una sensación de locura abrumadora. Consigue detenerse de intentarlo por el amor que siente por sus otros dos hijos.

Este estado de confusión se complica con los intentos de respuesta de las personas que rodean al sobreviviente: hablar de la reencarnación y otras creencias religiosas como el pecado, el cielo o el infierno, la confunde aún más.

Una parte de ella quiere saber lo que otros sabían de Pedro y del tiempo previo a su muerte. Una parte de su ser deja que le cuenten de él, pues tal vez ahí habría respuesta. Otra parte suya no quiere saber más.

Las primeras semanas se mantuvo en casa, aislada, sintiéndose abrumada por las tareas diarias. Hacer la comida y cuidar de sus otros dos hijos era difícil. Lo que necesitaba era vivir el dolor por su hijo.

Después, buscó terapia, lo que le sirvió como un espacio para explorar sus pensamientos y sentimientos sin juicio.

El suicidio de Pedro tocó su rol como madre. Temía que le preguntaran cuántos hijos tenía. Decir dos era negar la existencia de Pedro. Decir tres implicaba abrir el hecho de que Pedro había muerto y enfrentarse a la pregunta sobre la causa de muerte. ¿Estaba lista y dispuesta para pasar de una conversación que parecía trivial a una conversación que se vuelve íntima y dolorosa? No, no en todos los casos. Pero ninguna de las alternativas la dejaba tranquila. ¿Cómo puede una madre negar la existencia de un hijo? Y ¿cómo una madre puede ponerse a sí misma en el banquillo de los acusados una y otra vez, y tener que seguir funcionando en su rol de madre para sus otros hijos? La salida no era, y no es, sencilla.

Lourdes me platica que recientemente tuvo visitas en casa por un tiempo. A la pareja que los visitaba solo les habló de sus dos hijos vivos. A pesar de que la convivencia fue agradable, decidió no continuar en contacto con la mujer pues no se sentía merecedora de esta amistad por haber mentido.

La palabra suicidio la lleva a otro nivel de energía. Sabe que después de sentarse a hablar conmigo de Pedro, su estado emocional se verá afectado por unos días. Ha dudado de cómo la perciben otros. Mucho tiempo temió que otras mamás no dejaran a sus hijos ir a su casa o convivir con ellos. Se sintió agradecida con quienes no dejaron de hacerlo. Este pequeño hecho significa mucho para ella. Significa que la validan como mamá y cuidadora.

Comparte conmigo un evento que para ella representó mucho. En una ocasión otra mamá de un hijo adolecente le comentó que su hijo había estado deprimido y que al buscar ayuda le hablaron del riesgo de suicidio que corría el chico. Se acercó a Lourdes para decirle que la experiencia de depresión y riesgo suicida de su hijo le hizo ver que lo sucedido, con Pedro podía pasarle a cualquiera. Esto fue un bálsamo para Lourdes.

Lourdes siente que el evento la dejó con mucho temor acerca de sus otros hijos. Tiene miedo de que les pase algo. Lo toma en cuenta y trata de trabajarlo.

Un día Lourdes cae en cuenta de que nadie la sacará de esa situación más que ella misma. Decide levantarse, arreglarse y salir. Poco a poco siente mejoría. Al principio se siente fuera de lugar, sin poder hablar y compartir de sí misma.

Su esposo, paciente y gentil, le dice en el momento oportuno que ya fue suficiente el aislamiento y no quiere verla más sentada frente a la computadora leyendo sobre el tema. Con ello la impulsa a moverse del estado en el que está.

Con el tiempo es capaz de perdonarse y perdonar a Pedro por lo sucedido. Acepta la realidad de lo ocurrido y la necesidad de hallar una explicación deja de ser una obsesión.

Ahora reconoce que, a tres años de la muerte de Pedro, el dolor sigue presente. Su proceso de duelo todavía no termina, pero su vida ya no está detenida por este acontecimiento. El suicidio de Pedro la hizo vibrar intensamente. Su respuesta emocional fue intensa y sus pensamientos, abrumadores. Se volvió muy perceptiva. Sus sensaciones se intensificaron. Esta intensidad, que parecía demasiada, ha cedido poco a poco y esto le ha permitido seguir adelante. Lourdes está logrando sobrevivir a esta dolorosísima experiencia de perder a su hijo.

R REFLEXIONES

La muerte de un hijo es en sí uno de los estresores más fuertes de la vida. Perderlo por un suicidio, lo es aún más. Al leer la experiencia de Lourdes sentimos el profundo dolor que casi la lleva a atentar contra su propia vida. En su experiencia podemos ver cómo una y otra vez aparecen pequeñas situaciones que la rescatan gradualmente: el amor incondicional a sus otros hijos; la empatía de una mujer ajena a su situación; la sutileza y paciencia que muestra su marido hacia su dolor, pero, a la vez, su impulso para salir adelante; una fuerza interna que por fin la hace decidir ser ella misma quien se levante y sane.

En Lourdes podemos ver esta intensa necesidad de encontrar respuesta tras un suicidio y la imposibilidad de encontrar una que sea absoluta y clara, y que explique lo sucedido, lo inexplicable.

En su experiencia podemos ver cómo la muerte de su hijo mueve muchas de sus creencias en relación con su papel como madre dentro del ámbito familiar y social. Al fin y al cabo, logra perdonar a Pedro y perdonarse para poder seguir adelante.

Lourdes escribió

La muerte de Pedro significó un antes y un después, aunque apenas han pasado tres años de mi vida y mi forma de verla cambió totalmente.

Mi hijo se convirtió en mi maestro y me ha enseñado muchas cosas hermosas; por ejemplo, que somos almas y en realidad no morimos, sino que nos transformamos y seguimos en un viaje sin fin para encontrarnos con nuestro Creador. Me enseñó que la vida puede cambiar en cualquier momento sin previo aviso; por eso hay que tratar de ser lo más conscientes posible para disfrutar y amar. Amar y disfrutar no solo a nuestra propia persona, sino nuestra vida y a todos los demás, principalmente nuestra familia, tal como son, sin querer cambiarlos. Y también para intentar aceptar que las cosas que pasan tienen un motivo de ser, aunque nosotros no podamos verlo.

Gracias a mis tres hijos —Pedro incluido—, mi esposo, mis padres, mis hermanos y muchos amigos, he logrado poco a poco salir adelante y valorar lo maravilloso que es vivir y la vida en sí.

También muchos libros me han traído paz y luz, me ayudaron a comprender el duelo; leer que, por desgracia, a otras personas les sucedió algo similar y se repusieron, me ayudó a encontrar respuestas.

Lo más importante en mi recuperación fue perdonarme y perdonar a Pedro y a la vida por lo que pasó. Me falta mucho camino por recorrer y sé que esto nunca lo superaré del todo, pero lo importante es tenerse paciencia y día a día encontrar las cosas lindas, un motivo para ser feliz.

Amo a Pedro y por siempre lo amaré.

Lourdes

EXPERIENCIA COMPARTIDA: MARIANA

Los buenos amigos

Mariana tiene 19 años y perdió a uno de sus mejores amigos el año pasado. Lo conoció bien durante dos años. Todo sucedió un agosto cuando Mariana acababa de irse al extranjero para estudiar un año fuera. Pasados solo unos días de su llegada, Daniel se suicidó.

Daniel tuvo una historia de vida muy triste. Su padres estaban divorciados y la relación entre ellos no era buena. Durante largo tiempo fue víctima de acoso escolar en las escuelas en las que estudió. Los chicos eran agresivos con él en forma física y verbal. Recientemente, Daniel había terminado con una novia que fue muy importante en su vida y se le dio la noticia de que un familiar estaba enfermo.

Mariana recuerda la última vez que vio a Daniel y que no se despidieron pues esperaban volver a reunirse antes de que ella partiera.

La noticia de su muerte la tomó por sorpresa. Ella intentó llamarlo sin localizarlo cuando, de pronto, vio publicada en las redes la noticia de que había muerto. Una amiga le confirmó "Daniel ya no está, Daniel está muerto". Mariana llamó a su mamá y le reclamó por no habérselo dicho. Su mamá contestó que temía su respuesta. Mariana estaba muy enojada con ella y con todo el mundo.

No podía creerlo, estaba en *shock*. No pudo llorar, sintió que el impacto de la noticia le duró varios días. Le siguió escribiendo para pedir que le contestara, aun sabiendo que no lo haría.

Mariana intentó regresar a México, quería estar presente en el velorio, pero no fue posible.

Pasado el *shock*, vinieron intensas emociones. Recibió ayuda y le prescribieron calmantes. No quería hablar con nadie y se refugió en Morgan, una niña que acababa de conocer y con quien sintió una empatía especial, pues Morgan estaba en duelo por la muerte reciente de un ex novio. Mariana recuerda haber estado enferma ese año que estuvo fuera, sufriendo diferentes síntomas como dolor de estómago, cansancio y baja de peso. Por un tiempo sintió que su quijada se trababa y en ocasiones lloraba sin razón.

Durante el año que estuvo fuera de México redactó una carta para Daniel, la cual depositó en su urna. En ella le decía lo que lo quería y esperaba que estuviera bien. Mariana me muestra una imagen que guarda en su teléfono de un chico abrazado a Dios, la cual le da mucha paz.

Daniel se suicidó ahorcándose en su casa. Dejó una carta agradeciendo a quienes lo habían apoyado.

El suicidio de Daniel causó gran efecto en su entorno. "Ahora resulta que todos eran amigos de él; subían fotos, publicaban cosas relacionadas con su muerte", dijo Mariana, muy enojada. Algunos chicos se sintieron terriblemente culpables del suicidio. A Mariana le molestó el manejo que se dio a la muerte de Daniel, sintió que se tornó amarillista; incluso una amiga de ella escribió una carta hablando como si fuera Daniel en donde pide que lo dejen ya descansar, la cual leyeron en el velorio.

Mariana fue novia un tiempo de Jaime, un chico que molestaba a Daniel. Ella intentó proteger a su amigo de esta persona, y Daniel mismo le comentó que Jaime no le convenía. Tras la muerte de Daniel, Jaime mostró no tener remordimiento por su conducta, cosa que dolió y enojó terriblemente a Mariana, haciéndola sentir culpable por haberlo elegido como pareja.

En la mente de Mariana aparecen imágenes feas que le generan angustia. Si bien siente culpa por no haber sido buena amiga, en un pequeño chat que guarda sostenido con Daniel antes de su muerte, le dice que lo quiere mucho y lo considera su mejor amigo. Él se sabía querido por ella y, como buen amigo, le aconsejaba y le hablaba con una verdad amorosa.

Mariana recuerda que sentía que no podía dejar de pensar en el tema y este aparecía casi en forma obsesiva en su mente. Albergaba ideas de culpa y tristeza ante la sensación de extrañar a Daniel.

A un año de la muerte de Daniel, Mariana siente que todavía le afecta, incluso más, ya que a distancia se aprecian más las cosas. Aunque lo tiene presente, habla poco de lo sucedido.

Dice querer a veces volver el tiempo atrás y la frustra saber que eso es algo que no puede hacer.

En este tiempo ha sentido la presencia de Daniel que la acompaña.

Quiere recordarlo más por lo que fue su vida que por la manera en que murió.

Ha honrado el recuerdo de su amigo tratando de hacer cosas para frenar el bullying. *Recientemente presentó en su escuela un proyecto al respecto.*

Ahora dice valorar más las cosas que tiene en el presente porque el futuro es incierto.

R REFLEXIONES

Gracias a la historia de Mariana podemos ver el fuerte efecto del suicidio en el mundo de los jóvenes. En las redes sociales, parte vital de su mundo, se construyen identidades y las noticias corren. La relación con los pares en esta etapa tan importante lastima a muchos cuando un chico se suicida. Cimbra relaciones y cuestiona valores. En este caso, el acoso escolar parece haber intervenido de forma determinante.

Mariana tuvo una intensa respuesta emocional ante la pérdida de Daniel, con fuertes repercusiones en su nivel de funcionamiento físico y emocional. Encontrar a alguien con quien hacer "eco" de su dolor emocional fue fundamental para su proceso de sanación.

En esta etapa de la vida, como en otras, resulta muy importante dar un significado a la pérdida y realizar actividades que permitan recordar y apreciar al ser querido. Mariana encontró en el trabajo sobre el *bullying* una aportación a la vida que la aleja de la experiencia de la muerte.

Capítulo 2

El proceso de duelo, ¿qué es?

No diario es tiempo de la cosecha, no siempre es hora de florecer.
Todas las cosas tienen su ciclo, todos los pasos vuelven a andar.
Flor y semilla mueren a tiempo para que el ciclo vuelva a empezar.
Baila la vida su propio ritmo siguiendo el pulso de su interior.

Alberto Escobar

Para poder saber qué sucede cuando se vive la experiencia de perder a alguien a quien queremos por un suicidio, es fundamental hablar sobre el tema y entender lo que es el proceso de duelo.

El proceso de duelo tiene aspectos biológicos, psicológicos, emocionales y sociales. No se refiere únicamente al proceso que vivimos tras una muerte; puede surgir ante cualquier ruptura o pérdida a lo largo de la vida.

Si bien el concepto de duelo se ha extendido a separaciones maritales, divorcios, desempleo, entre otros, aquí lo veremos en su relación con la muerte.

La muerte es parte del proceso de la vida. Desde que somos pequeños se nos habla de ella cuando se nos enseña sobre las plantas y los animales. En esos momentos comprendemos sin dificultad que todo ser vivo nace, crece, se reproduce y muere.

Elisabeth Kübler-Ross fue una psiquiatra suizo-estadounidense que, en 1969, en su libro *Sobre la muerte y los moribundos,* habló sobre un modelo que desarrolló y describió por primera vez el duelo como un proceso formado por etapas, de las cuales hablaremos más adelante. Elisabeth aportó mucho al campo de estudio de la muerte, hoy mejor conocido como tanatología.

> El proceso de duelo tiene aspectos biológicos, psicológicos, emocionales y sociales.

En 1975, esta pionera en el trabajo del duelo, señalaba:

> La muerte es un tema evadido, ignorado y negado por la sociedad, amante de la juventud y el progreso. El hecho es que la muerte es inevitable y es solo cuestión de tiempo.
>
> Es una de las cosas en la vida que tenemos aseguradas.
>
> La muerte no es un enemigo por conquistar o una cárcel de donde escapar. La muerte es parte integral de nuestras vidas y le da sentido a nuestra existencia. La muerte nos recuerda nuestra vulnerabilidad como humanos, a pesar de los avances de la tecnología.

Antes, la muerte se vivía con mayor naturalidad.
∼

Antes, la muerte se vivía con mayor naturalidad. La esperanza de vida no era tan larga. Las enfermedades cobraban un sinfín de vidas desde etapas tempranas. Las personas morían en su casa, rodeadas de sus seres queridos.

Con el paso del tiempo y con los avances en la medicina, le hemos presentado una dura batalla a la inminencia de la muerte, la cual se ha logrado retrasar significativamente y ha permitido llegar a tasas más altas de esperanza de vida.

Ahora combatimos la muerte con todo nuestro ser: tomamos vitaminas, hacemos ejercicio, consultamos al médico. Y, sin embargo, la muerte llega cuando es su tiempo o nuestro tiempo de partir.

Ver partir a los seres queridos es un proceso difícil, sobre todo si esto ocurre en situaciones en las que se cree que la muerte pudo haberse evitado. Y no hablamos solo de suicidios, sino en general.

Creemos que siempre quedaba un tratamiento por intentar o algo que había que modificar en la vida para evitar con esto la muerte.

Hoy, para algunos más alejados de una fe o religión, la muerte parece una experiencia innecesaria y sin sentido.

LA MUERTE Y EL MEXICANO

En *El laberinto de la soledad* (1986), el Premio Nobel de Literatura Octavio Paz señala que para los antiguos mexicanos la oposición entre la vida y la muerte no era tan marcada como ahora. Para ellos, la vida se prolongaba en la muerte. La muerte no era el final natural de la vida, sino una fase de un ciclo infinito. Los antepasados indígenas creían que ni la muerte ni la vida les pertenecían y que ambas eran decididas por el cosmos.

Con el catolicismo, el sacrificio y la salvación, que antes eran colectivos, se vuelven personales, y la idea de la continuidad entre la vida y la muerte se suple con aquella de que la muerte es el tránsito entre dos vidas. Así, la muerte cobra un sentido absoluto, definitivo y final.

Ahora, el mexicano festeja la muerte, se burla de ella y con eso hace frente al temor que le tiene.

Por su parte, el antropólogo y sociólogo mexicano Roger Bartra (1987) asegura:

> Para los antiguos mexicanos la vida se prolongaba en la muerte.

El desdén mexicano por la muerte forma parte de un rito colectivo que le da sentido a la vida, lo que no implica indiferencia hacia la misma.

LOS TIEMPOS EN EL DUELO

Al vivir la muerte de un ser querido, pensamos que el momento más difícil es cuando se nos da la noticia o cuando tenemos que estar presentes en los rituales de despedida.

En realidad, el duelo no es un momento, un evento o un episodio. Es, más bien, un proceso que toma su tiempo, que tiene sus altas y sus bajas, y representa una experiencia que puede variar mucho de una persona a otra. En la opinión de otros autores, el proceso de duelo es de carácter esporádico: en él tenemos buenos días y malos días. Mejoramos y empeoramos sin una secuencia necesariamente continua.

El duelo es un proceso que toma su tiempo, que tiene sus altas y sus bajas.

Como se dice popularmente, el tiempo ayuda a sanar. Pero, no solo es el paso del tiempo lo que sirve, sino lo que se hace en ese tiempo para sanar y cómo uno se ayuda. Si intentamos apresurar, evitar o negar el proceso de duelo, tarde o temprano los sentimientos emergerán y cobrarán factura. Nos pedirán que dediquemos tiempo a vivir el duelo. Esto puede suceder años después, incluso tras una nueva pérdida que reactiva las emociones no elaboradas de una pérdida previa.

Los terapeutas Sandra Celeiro, Mireia Golobardes y Raúl Yuste (2008) afirman: "El duelo por la muerte de un ser querido se concibe como un proceso que sigue una secuencia de etapas y establece el trabajo en una serie de tareas por etapa para la superación de cada una de ellas. Así, encontramos un modelo secuencial. Sin embargo, en los últimos años la concepción clásica se cuestiona fuertemente desde el ámbito clínico e investigador. Un conjunto de autores desestima la normatividad de la secuencia de etapas para la resolución del duelo".

Sin abundar en este proceso, podemos afirmar que existen patrones de respuesta comunes a la experiencia. Su orden, tiempo y duración varían de una persona a otra. El duelo dura el tiempo que necesita durar, ni más ni menos. Sin embargo, la psicología y otras áreas interesadas en el estado emocional de las personas ofrecen alternativas para hacer el proceso menos doloroso, como la medicación y las terapias alternativas, por señalar solo algunas. De estas alternativas hablaremos en los capítulos posteriores.

Cuando pasamos por este proceso, nuestras emociones cambian. Nuestra capacidad de funcionamiento y de relación quizá no sea la misma por un tiempo.

La experiencia de la pérdida puede constituir un momento de crisis en la vida. Sin embargo, es importante tomar en cuenta la idea que siempre me ha parecido importante para entender el poder de las crisis, en chino, la palabra crisis significa tanto *riesgo* como *oportunidad*.

Por ejemplo, en las experiencias de crisis, las relaciones corren el riesgo de romperse. Si una pareja está en crisis por una infidelidad, puede separarse, pero también podría vivir la experiencia como una expresión de la necesidad de un reajuste y de un nuevo establecimiento de acuerdos que los lleve a fortalecerse como pareja. Una reacción de esa naturaleza se referiría a la oportunidad de crecimiento y reajuste que representan los momentos como estos.

De esta manera, lo que hagamos como individuos con las experiencias de crisis que la vida nos pone en el camino tiene un poder constructivo (oportunidad) y destructivo (riesgo) a la vez. Para salir adelante es indispensable contar con herramientas como la apertura y la flexibilidad ante las crisis o las situaciones de cambio.

El hombre tiene la capacidad de adaptarse al contexto y a lo externo, buscando así un balance con los procesos internos. La adaptación implica una serie de pasos enfocados a la meta de lograr el equilibrio entre organismo y medio, siendo este un proceso siempre dinámico.

Si lo entendemos como la ausencia de crisis o cambios, el equilibrio absoluto no existe: la vida es un cambio constante.

> La experiencia de la pérdida puede constituir un momento de crisis en la vida.

Imaginémonos por un momento en un hospital, conectados a uno de esos monitores que cuidan nuestro ritmo cardiaco:
Una línea continua habla de muerte:

Una línea que sube y baja con cierta regularidad y cuyos picos altos y bajos no son tan extremos nos hablaría de salud y, por tanto, de que la persona está viva:

MMMMMMMMMMMMMMMM

Una línea que sube y baja en forma pronunciada
probablemente nos hable de alguna alteración:

/\

**Crisis
=
Cambio**
~

Así transcurre la vida. Con altas y bajas, en un fluir
constante, luchando por mantenerse lo más equilibrada
posible.

Hemos visto, entonces, que el proceso de duelo es también
un momento de crisis en nuestra vida, que representa un
momento de cambio. Un momento de riesgo y de oportunidad.

¿De qué depende que la experiencia sea de una manera
y no de otra?

Son muchos los factores que intervienen en cómo se
vive este proceso.

FACTORES QUE INFLUYEN EN
EL PROCESO DE DUELO

Analicemos a continuación los factores que influyen en
cómo se vivirá la pérdida y el significado que la persona le
dará a la misma.

La historia de pérdidas tempranas
y su proceso de elaboración

Los factores que afectan en gran medida la forma en que se
vive una pérdida son:

a) En qué consistió esta pérdida y qué representó para
la persona (*qué*).
b) En qué momento determinado y en qué circunstancias de su vida sucedió (*cuándo*).

c) Si la persona trabajó en esta pérdida, la entendió y la vivió adecuadamente (*cómo y por qué*).

Cada uno posee una capacidad diferente para hacer frente a una experiencia como esta.

? Puedo preguntarme:

¿Qué otras circunstancias de dolor o pérdida he vivido yo hasta este momento en mi vida?

¿Cómo logré salir adelante en ese momento? ¿Estuvo alguien ahí conmigo? ¿Me dejé acompañar?

Con las experiencias acumuladas, ¿qué puedo hacer diferente en esta situación que enfrento?

¿Esta herida remueve historias anteriores no resueltas?

¿Necesito ayuda para encontrar respuestas?

El momento determinado de vida

La muerte o la pérdida de un ser significativo no se vive de la misma manera en la infancia que en la vida adulta. Qué eventos o situaciones estemos viviendo en determinado momento jugarán un papel importante en esta vivencia.

Imaginemos a una mujer que pierde un hijo, pero tiene otros que atender. La demanda y el cuidado de los otros podrá significar diferentes cosas para diferentes mujeres.

En algunos casos, esta demanda podrá ser un motor importante y un distractor para salir adelante. En otros casos, tener otros hijos puede vivirse como una situación abrumadora o como una tarea casi imposible de cumplir estando en duelo. La etapa de vida y nuestra situación laboral, económica, emocional y familiar en ese momento son aspectos decisivos a tomar en cuenta.

La muerte o la pérdida de un ser significativo no se vive de la misma manera en la infancia que en la vida adulta.

? **Puedo preguntarme:**

¿Qué momento o situación vivía yo cuando esto sucedió?

¿Qué implicaciones tiene esta pérdida en este momento preciso?

¿Qué puede ayudar del momento que estaba yo viviendo previo a la pérdida?

¿Qué cosas pueden complicarse ahora que tuve esta pérdida?

¿Con qué recursos cuento en este momento?

Cada relación tiene sus diferentes tintes y sus diferentes efectos.

La relación con el fallecido

Una relación definida como cercana y amorosa influirá de cierta manera, en tanto que una complicada o conflictiva lo hará de otra muy distinta. Cada relación tiene sus diferentes tintes y sus diferentes efectos.

El tipo de relación con el fallecido puede ser un elemento que influya en el proceso de duelo de maneras distintas y cuanto más compleja sea esa relación, más complicado será el duelo. Por ejemplo:

- Si la relación era "inaceptable" (parejas del mismo sexo, pareja fuera del matrimonio o hijo no reconocido).
- Si la relación era dependiente (algunos casos de muerte de los padres o la pareja).
- Si la relación era conflictiva.
- Si quedaron asuntos pendientes en la relación.

? **Puedo preguntarme:**

¿Cómo era mi relación con esta persona?

¿Quedaron temas por atender antes de su muerte?

¿Hay cosas en la relación que quisiera que hubieran sido diferentes?

¿Me siento en paz con la relación que tuve con él o ella?

Las circunstancias de la muerte

El duelo también puede complicarse si:

- La muerte implica hacer una serie de cambios.
- Es necesario posponer el duelo por circunstancias externas.
- Es una muerte múltiple.
- Es una muerte inesperada y repentina.
- Se trata de una muerte violenta.
- Es una muerte que tiene como causa un accidente, un suicidio o un homicidio.
- No se sabe la causa.
- La situación de la muerte resulta ambigua y se ignora si fue un suicidio o un homicidio.
- La persona encuentra el cuerpo tras un accidente, suicidio u homicidio o como resultado de alguna otra muerte violenta.
- El manejo de la noticia no fue el adecuado.
- No hay cuerpo presente.
- Tras la muerte se descubren secretos.

? Puedo preguntarme:

¿Qué hace que esta situación que estoy pasando sea aún más complicada?

Los sistemas de apoyo con los que se cuente

En México, la familia y las relaciones comunitarias, como vecinos, colaboradores y amigos, son de mucha ayuda.

Cuanto más apoyo se tenga de otros y mejor establecidas estén las redes de comunicación, más fácil será atravesar por un proceso de duelo. Familia y comunidad representan estructuras externas que pueden ayudar a contener la experiencia interna. En México, la familia y las relaciones comunitarias, como vecinos, colaboradores y amigos, son de mucha ayuda. En otros países, como Estados Unidos, se trabaja a nivel de grupos de apoyo o grupos de autoayuda, los cuales son de gran utilidad porque brindan un espacio que muchas veces de otra forma no existe. El modelo de grupos de autoayuda no es tan popular en México como lo es en Estados Unidos, pero siempre pueden formarse grupos que son de extrema utilidad. Sentirse entendido y escuchado por otros en una situación particular es reconfortante y, tanto en el aspecto práctico como en el emocional, saberse acompañado es incomparable.

En este libro se proporcionan datos de algunos grupos o asociaciones que pueden brindarte información sobre sitios donde acudir para recibir ayuda. De igual manera, si estás en terapia, solicita a tu terapeuta que complemente el trabajo terapéutico individual refiriéndote a un espacio de grupo.

Hace unos meses, llegó a terapia una mujer de unos 45 años. Había perdido a su hijo adolescente año y medio antes en un accidente vehicular. Pasadas varias sesiones terapéuticas, refirió: "aunque entiendo la intención de todos de quererme ayudar, nadie sabe lo que es el dolor de una madre al perder a su hijo".

No pude decir nada, tenía razón. Ni yo ni nadie que no hubiera vivido una pérdida así, podíamos entender lo que ella estaba pasando. Aun así, pudimos hablar de otras mujeres que ambas conocíamos que habían pasado por lo mismo y le ofrecí que hiciéramos un pequeño grupo de apoyo. Es decir, ellas con sus experiencias acompañadas por mí y mis conocimientos sobre el tema del duelo.

Finalmente, reunimos a cinco mujeres y la experiencia del trabajo de unos meses juntas rindió sus frutos para todas nosotras.

MUERTE Y SIGNIFICADO

La experiencia de la muerte es parte de la vida. Qué entendemos del concepto de la muerte, es algo que uno vive y construye en lo personal. Desde pequeños construimos poco a poco nuestro propio significado de lo que es la muerte y esta construcción va de la mano de nuestro desarrollo cognitivo. Los conceptos que acompañan la muerte como "definitiva", "irreversible", entre otros, son abstractos y comprenderlos demanda un grado importante de maduración cognitiva en el niño.

Más adelante, en el capítulo 4, hablaremos de cómo los niños entienden la muerte de una forma más detallada.

Poco a poco desarrollamos valores y creencias. En muchos casos, la religión es un elemento decisivo en el desarrollo de nuestras concepciones sobre la muerte. Hay tantos y tan diferentes significados de muerte como personas en el mundo. La muerte es una experiencia única con una inmensa carga personal.

Vale la pena tomar en cuenta que aquí hablamos de generalidades en el entendimiento de lo que un proceso de duelo representa, pero, en realidad, nunca sabremos con exactitud qué es lo que el otro está experimentando.

Nuestra capacidad empática puede ayudarnos a imaginar el dolor de otro, pero hay que cuidar de no dar por hecho que sabemos lo que la persona siente en este momento.

> Hay tantos y tan diferentes significados de muerte como personas en el mundo.

TEORÍAS SOBRE EL DUELO

Muchos teóricos hablan sobre el duelo y el proceso que se vive con una pérdida. En rasgos generales, un buen número de estas teorías hablan de cómo, al establecer una relación con otro, depositamos en él o ella energía vital o libidinal, como dirían los estudiosos del psicoanálisis. Retirar esta energía vital depositada en el otro cuando muere es un proceso que genera mucho dolor.

> Nuestra capacidad empática puede ayudarnos a imaginar el dolor de otro, pero no demos por hecho que sabemos lo que siente en este momento.

Para comprender un poco más a fondo lo que el proceso de duelo implica, revisemos brevemente algunas teorías que nos permiten enfocarlo desde diferentes miradas. Pongámonos así por un momento el "sombrero" explicativo de cada una de ellas.

Desde la *mirada psicoanalítica*, en el duelo la persona se encuentra en un estado de profunda tristeza con una capacidad de funcionamiento disminuida.

En el duelo, el examen de realidad demuestra que el objeto amado ya no existe, y demanda que la libido, como energía de vida depositada en el otro, abandone todas sus relaciones con el mismo.

Los recuerdos representan puntos de enlace con la persona fallecida.

El padre del psicoanálisis, Sigmund Freud (1917), hacía una diferencia entre duelo y *melancolía*. La melancolía no necesariamente se refiere a un objeto muerto. En la melancolía, la pérdida es más de carácter ideal. Se sufre dolor por la pérdida de un ideal.

Desde el punto de vista psicoanalítico, el proceso de duelo se debe a la pérdida del objeto en sí y terminaría cuando el ego quede libre e inhabilitado otra vez.

La psicoanalista austriaca Melanie Klein (1948) asegura que existe una relación entre el proceso de duelo y los procesos de la infancia temprana. En otras palabras, el niño pasa por estados mentales comparables al duelo del adulto y estos estados tempranos le sirven para afrontar experiencias dolorosas más adelante. Dos estados importantes, tanto en la infancia como en el proceso de duelo, son la idealización del objeto perdido y la negación como factor defensivo. En el proceso de duelo se busca renovar los vínculos con el mundo externo y, al mismo tiempo, reconstruir el mundo interno.

La mirada psicoanalítica refiere que las experiencias tempranas definen en buena medida las vivencias de pérdida y el proceso de duelo de los adultos. En consecuencia, la experiencia de duelo no es un evento aislado sino el resultado de la suma de toda una vida de experiencias.

> En el proceso de duelo se busca renovar los vínculos con el mundo externo y, al mismo tiempo, reconstruir el mundo interno.

ASPECTOS SOCIAL Y PSICOLÓGICO
DEL PROCESO DE DUELO

Para ayudarse a sanar en el duelo, el ser humano ha desarrollado ritos y costumbres funerarias. Un ejemplo, cada día menos frecuente en algunos ámbitos de nuestro mundo actual, es la tradición de vestir de negro por un periodo determinado.

Ritos como el velorio, las misas y el entierro, entre otros, tienen como función principal ayudar al vivo a sobrellevar los momentos de dolor.

Según estudios, el ritual fúnebre tiene tres importantes funciones:

Ayudar al doliente a expresar públicamente su pesar en un periodo en el cual esto es visto como apropiado.

Reunir a los miembros de una familia, comunidad o sociedad para compartir, acompañar y fortalecerse unos a otros mediante el ritual.

Lograr que a través de este encuentro se realicen los movimientos que corresponden a los roles familiares que conlleva la pérdida de uno de sus miembros. Un ejemplo de ello es el rol de un adulto cuyo padre muere, y tiene que hacerse cargo ahora de todos los arreglos de la despedida de su progenitor, además de cuidar a la madre, convertida en viuda, en su proceso de duelo.

En México los ritos fúnebres son de mucho valor e importancia. Dado que la población es católica en su mayoría, el rito fúnebre suele consistir del velorio, el entierro y las misas o rosarios. A estos ritos acude un sinfín de personas, desde miembros de la familia hasta meros conocidos. En nuestro país, se considera normal la expresión abierta de dolor y tristeza por la pérdida del fallecido. En estos ritos no faltan las expresiones de cariño y apoyo, los abrazos y los comentarios que hacen alusión a la fuerte influencia religiosa que se ve plasmada en nuestras creencias sobre la muerte. En estos eventos suelen escucharse frases que tienen la intención de tranquilizar, como "Está con Dios" o "Se fue al cielo".

> Los ritos funerarios permiten que el doliente esté acompañado en el inicio del duelo y favorecen la aceptación de la muerte y la expresión del dolor.

El rito fúnebre, también tiene como fin ayudar a la persona fallecida a trascender esta vida terrenal y llegar a la vida divina, promoviendo el descanso de su alma.

Los ritos permiten que el doliente esté acompañado en las primeras etapas del proceso de duelo y se asegura que favorecen la aceptación de la muerte y la expresión del dolor.

Tradiciones mexicanas

Los sentimientos no expresados no se digieren ni se procesan y esto puede desencadenar otras respuestas psicológicas.

En algunos pueblos, el velorio es un evento social. Todos asisten a la casa del difunto a acompañar a la familia. El cuerpo se prepara con sus mejores ropas. Las mujeres cocinan para atender a los presentes mientras los hombres beben y comparten anécdotas del fallecido. En una ocasión de este tipo no puede faltar la música.

Los rezos, misas y rosarios son parte fundamental del rito velatorio. En muchos casos se cuelga un moño de listón negro en la entrada de la casa o negocio en señal de respeto por el duelo. En noviembre, para las fiestas de muertos, se pone el imprescindible altar con sus ofrendas, que consisten en todo aquello que le gustaba al fallecido, comida y bebida. Se ponen fotografías, papel picado, flores de cempasúchil, pan de muerto, calaveritas de azúcar y veladoras, entre otros objetos.

La expresión del sentimiento

Si los sentimientos producidos por la pérdida no se expresan, muchas veces aparecen en formas alternas, como síntomas físicos muy variados: dolores de cabeza o de otro tipo, episodios de gastritis o colitis e insomnio, por mencionar algunos.

Asimismo, los sentimientos no expresados no se digieren ni se procesan y esto puede desencadenar otras respuestas psicológicas como medio de expresión, por ejemplo, depresión, arranques inexplicables de enojo y problemas de relación o laborales.

Un dolor expresado es un dolor con el que se puede vivir, mientras que un dolor suprimido es un dolor que volverá para asustarnos y sorprendernos en formas que no podremos controlar.

En el proceso de duelo es posible que el doliente sienta que pierde el control de su vida. La inestabilidad y los cambios que la muerte trae consigo generan estados de ansiedad y alteración. La persona en duelo puede incluso pensar que está enloqueciendo.

El duelo resulta un cuestionamiento sobre el significado de nuestra vida. La muerte de otro nos da una nueva perspectiva de la vida y de la muerte, ya que aprendemos sobre nuestra propia mortalidad.

La muerte de otro nos da una nueva perspectiva de la vida y de la muerte.

Tras la experiencia de la muerte podemos incluso sentir un vacío existencial.

Tareas por realizar

El psicólogo estadounidense David Crenshaw (1996) identifica siete tareas importantes a realizar como parte del proceso de duelo:

- Aceptar que la pérdida es real.
- Identificar y expresar las emociones producto de la pérdida.
- Conmemorar la pérdida a través de los rituales.
- Aceptar la ambivalencia que implica el duelo, entre la dificultad para salir adelante y la necesidad de hacerlo.
- Resolver la ambivalencia.
- Dejar ir, un proceso más a nivel emocional que intelectual, es decir, retirar la energía emocional de la relación con el fallecido.
- Seguir adelante.

ETAPAS DEL PROCESO DE DUELO

Según Bowlby

El psicoanalista inglés John Bowlby (1985) explica que en los niños ocurre, en un principio, un proceso importante de apego con la madre. Con el paso del tiempo el pequeño crece y, con el desarrollo, necesariamente se separa de ella.

Ante dicha separación, el niño manifiesta una protesta con la cual pretende recuperar a la madre. Tras la protesta parece *desesperarse* por la imposibilidad de hacerlo y en ese momento surge la angustia de separación. Al perder la esperanza del reencuentro con la madre nace en él un estado de desapego emocional, el cual se convierte en una defensa para enfrentar la ansiedad y el dolor de la pérdida.

Esto mismo es lo que sucede en el proceso de duelo que, según este especialista, consta de cuatro etapas, las cuales veremos a continuación, junto con un caso en el que se retrata cada una de ellas.

Fase de embotamiento

Es la primera etapa, que se extiende desde las primeras horas después de la muerte hasta una semana más tarde. En ella encontramos las reacciones inmediatas a la muerte, por ejemplo, sentirse aturdido, así como, en grado variable, incapacidad para enfrentar la realidad.

> *Laura, de 17 años, está sola en casa cuando llaman para avisar que su hermano acaba de fallecer en un accidente automovilístico. Se queda perpleja, sin poder llorar y sin poder moverse. De pronto olvida lo que estaba haciendo antes de la llamada y se queda como congelada. Pasan largos minutos antes de que pueda pensar en lo que sigue.*

Fase de anhelo y búsqueda de la figura perdida

Esta fase suele durar algunos meses y hasta años. En ella el deudo comienza a dimensionar, aunque sea en forma episódica, la realidad de la pérdida. Hacerlo le produce una sensación de un intenso anhelo, espasmos de congoja y accesos de llanto. Puede llegar a presentar inquietud, insomnio y pensamientos obsesivos con respecto al ser querido, que a veces se combinan con la sensación de su presencia. La ambivalencia entre realidad e incredulidad causa distintos efectos, entre ellos, un estado de confusión.

> *Tras unos meses de la pérdida de su hermano, Laura sigue teniendo síntomas de no estar bien. Le cuesta mucho trabajo dormir por la noche y durante el día se siente agotada por la falta de sueño. Prestar atención en la escuela le cuesta mucho trabajo y su único objetivo es lograr los créditos mínimos para pasar el año. Se siente desmotivada y cada día es una hazaña. La gente que poco a poco se entera de la pérdida de su hermano aparece para mostrarle su compasión, proceso que toca una y otra vez su dolor. No puede dejar de pensar en su hermano y en qué habría pasado si ella fuera la que hubiera muerto.*

Fase de desorganización y desesperanza

Se caracteriza por la necesidad de descartar los patrones previos de pensamiento, sentimiento y acción antes de poder establecer nuevos. La persona puede deprimirse al pensar que no podrá recuperar nada de lo anterior. Aquí solemos caer en cuenta de lo que la pérdida implica para nosotros. Por ejemplo, dejar de ser un marido para ser un viudo, dejar de formar parte de una pareja, para ser ahora soltero.

> *La situación de Laura ha seguido empeorando, pues ahora presenta ideas de muerte y claros síntomas depresivos. Se aferra al novio y tiene fuertes discusiones con su madre. Solo se activa para lo indispensable y falta continuamente a la escuela pues dice que se siente mal físicamente.*

Fase de reorganización

Si todo marcha bien, la persona empieza a examinar la nueva situación en la que se encuentra y a considerar las posibles maneras de enfrentarla. Esto implica una nueva definición de sí misma y de su situación.

> La negación es una respuesta temporal, que le permite a la persona seguir funcionando.
> ℰ

Ante la preocupación de todos, Laura entra a un proceso terapéutico y a un grupo de apoyo donde hay chicos con pérdidas similares. Después de unos meses de intenso trabajo emocional, empieza a recuperar su funcionamiento previo.

El vacío de la pérdida de su hermano perdura, pero el dolor intenso ha cesado poco a poco.

Según Kübler-Ross

Por otro lado, en 1969, la mencionada Elisabeth Kübler-Ross describió las fases del proceso de duelo. Desde entonces, los estudiosos del tema han tomado sus aportaciones como un sustento teórico.

Estas fases del proceso de duelo, que se aplican tanto a moribundos (enfermos terminales) como a muertes consumadas, son las siguientes:

a) *Negación y aislamiento.* La afirmación que describe esta primera fase podría ser "No, esto no me está pasando a mí, no es verdad". Esta reacción es una forma saludable de enfrentar una situación dolorosa. La negación sirve como un colchón sobre el cual caer tras una noticia inesperada. La negación es una respuesta temporal, que le permite a la persona seguir funcionando. Esta negación se describe también como estado de *shock*.

Una respuesta externa a este proceso interno de incredulidad es el aislamiento. En ese momento no vivimos lo mismo que los otros, nuestro mundo interno está de cabeza. La energía emocional hace que uno viva ensimismado.

b) *Enojo.* El enojo aparece acompañado de rabia, resentimiento y envidia. Es aquí donde se plantea la pregunta

"¿Por qué yo?". La dificultad de esta fase es que el enojo puede desplazarse en todas direcciones y proyectarse a otros.

c) *Negociación.* La negociación es en realidad un intento de posponer el dolor e incluye una promesa implícita. Casi todas las negociaciones se hacen con un Dios o ser superior y en forma privada. Por otra parte, las promesas expresan la voluntad de dar y pueden relacionarse con una culpa silenciosa.

d) *Depresión.* La depresión proviene de la imposibilidad de seguir negando la situación y de la necesidad de enfrentar la realidad. En esta fase se toma consciencia de que la vida seguirá aunque la persona ya no esté.

e) *Aceptación.* En esta última fase se llega a la resignación y se acepta la pérdida. La persona ya no se encuentra deprimida ni enojada.

Según esta especialista, a lo largo de todas las etapas siempre existe la esperanza.

Independientemente de la óptica con la que elijamos mirar el proceso de duelo, todos coinciden en que este es dinámico e implica movimiento, cambio, riesgo y oportunidad. Somos tocados por el dolor y tenemos la posibilidad de resignificar, a partir de la experiencia de la muerte, la propia vida y la propia mortalidad.

TIPOS DE DUELO

El proceso de duelo se vive de diferentes formas, pero para el estudio del tema, el duelo suele clasificarse como normal o patológico.

> El duelo dura un tiempo razonable y acorde con la circunstancia de la muerte y la relación con el fallecido.

El *duelo normal* se refiere a un proceso de alternación en el funcionamiento pero que no es de carácter absoluto. La persona, aunque dolida y triste, puede seguir funcionando en su día a día.

El duelo dura un tiempo razonable y acorde con la circunstancia de la muerte y la relación con el fallecido. Con el paso del tiempo, el nivel de funcionamiento regresa a la regularidad, a pesar de la herida emocional.

En el duelo *patológico* encontramos algunas versiones extremas de la experiencia. A continuación, analizaremos algunas, junto con reflexiones complementarias útiles.

En muchas ocasiones el doliente se ve en la necesidad de continuar con su vida y ocupaciones.
~

- *Duelo crónico*. En él hay respuestas emocionales intensas y prolongadas, que provocan que la persona se sienta incapaz de organizar y retomar su vida. A menudo están presentes la cólera, los autorreproches, la depresión clínica y la ansiedad.

  La dificultad para salir del proceso del duelo tiene que ver con la rigidez de pensar que las cosas tienen que ser como uno quiere y no siempre es así. La vida es lo que es y es menos doloroso transitar por ella con la flexibilidad y la capacidad de adaptación ante cada situación. Nos duele cuando nos resistimos. Sanamos cuando permitimos que los procesos de la vida fluyan y nos lleven hacia donde nos toca estar.

- *Falta de consciencia de la aflicción*. La persona sigue funcionando como antes, salvo que aparecen dolencias psicológicas o físicas que ponen de manifiesto que el dolor por la pérdida no se ha elaborado.

  En muchas ocasiones el doliente se ve en la necesidad de continuar con su vida y ocupaciones. La cuestión laboral, la situación económica, los hijos y demás familiares son un móvil para seguir. Pero llevar a cabo estas tareas impide darse tiempo para llorar la pérdida.

  "Anestesiarse" ante el dolor a través de la negación o de ocuparnos en exceso puede ser útil por un momento, pero tarde o temprano tendremos que contactar con la enfermedad llamada dolor para sanar. El dolor es tierra fértil. En él encontramos realmente quiénes somos.

- *Combinación común de reacciones.* Durante semanas o meses la persona no muestra una aflicción consciente y, de manera repentina, se ve invadida por intensas emociones que la llevan a un estado de duelo crónico.

  Los altibajos pueden generar mucho desconcierto en la persona que los vive y en la gente a su alrededor. El funcionamiento adecuado con altibajos es complicado. Hay alternativas en la medicación para estabilizar los procesos emocionales.

- *Episodio maniaco.* Una última y rara situación es en la que ante una pérdida aparece un episodio maniaco, caracterizado por la presencia de euforia. Esta respuesta no aparece concordar con la situación que se está viviendo.

Paola perdió a su mamá por un cáncer a los 16 años. Toda la familia vivió un ajuste importante. Ella, al ser el miembro más joven de la familia, se refugió en su novio y empezó a hacer cosas al límite. Paola quedó embarazada y aunque hoy no se arrepiente de haber tenido a su bebé, hubiera querido embarazarse bajo circunstancias diferentes.

- *El duelo patológico* también se expresa mediante lo que se conoce como momificación, que se refiere a conservar todos los objetos del fallecido en su mismo estado. Con esta conducta la persona intenta conservar la presencia del ser querido o, en una situación más compleja, incluso pensar que regresará.

Han pasado ya dos años desde la muerte de Rodolfo y Beatriz conserva el cuarto de su hijo intacto. No se ha podido desprender de ninguna prenda de vestir ni permite que toquen sus cosas. Como parte del proceso terapéutico que lleva está trabajando con la idea de donarlas a chicos que lo necesiten. Sabe que soltar, incluso las cosas materiales, es una parte importante del proceso de sanación.

El tiempo aproximado de duelo es de seis meses a dos o tres años, pero es difícil establecerlo ya que cada experiencia es única. ∽

Crenshaw (1996) sostiene que hay relación entre duelo patológico y una vinculación dependiente, una relación conflictiva y una muerte repentina. Asimismo, que la diferencia entre el duelo normal y el duelo patológico se basa en la intensidad y duración del mismo.

Se cree que el tiempo aproximado de duelo es de seis meses a dos o tres años. Recordemos que esto es difícil de establecer por el mundo de variables que intervienen en cada experiencia y que cada experiencia es única.

EL CICLO DEL DUELO

En su libro *Aprender de la pérdida* (2002) el profesor estadounidense de psicología Robert Neimeyer habla de un ciclo del duelo:

- Empieza por el *conocimiento de la pérdida*.
- En un segundo momento aparece la evitación. Él retoma la conclusión de las investigaciones de la psicóloga Margaret Stroebe sobre el duelo, respecto a que este implica un proceso dual. Por un lado, está "orientado hacia la pérdida", donde se busca el sentido de esta y, por otro lado, está "orientado hacia la reconstrucción", donde se busca el restablecimiento del funcionamiento de vida.

  Según esta propuesta, evitar temporalmente enfrentar la intensidad de la pérdida nos permite reencontrar un nivel de funcionamiento adecuado. La evitación no será permanente, sino temporal y adaptativa. Conforme se es más consciente de la pérdida, más vívidas e intensas son las emociones producto de la experiencia.

- El tercer momento del ciclo se llama asimilación. Aquí la persona se cuestiona cómo podrá seguir adelante pese a su pérdida, y la tristeza y la soledad aparecen de forma más intensa. El estrés emocional que se deriva de esta etapa puede poner en riesgo la salud física. No es raro que el doliente mencione experiencias que parecen alucinatorias de la presencia del ser querido.

  Estas experiencias solían considerarse patológicas, pero estudios actuales han mostrado que hasta 60% de las personas dicen haber vivido una de este tipo. De quienes las han tenido, 85% habla de ellas como experiencias de consuelo.

- El último momento del ciclo es el de acomodación. Aquí la tristeza y la desesperación disminuyen, y mejoran la concentración y la capacidad de funcionamiento. Existen aún momentos de dolor, pero poco a poco se logra un mayor control emocional.

Al final del duelo aparece un periodo de acomodo en que la tristeza y la desesperación disminuyen.

Después de este recorrido de lo que se conoce sobre el proceso de duelo, vemos que este es parte inevitable y necesaria para sanar después de la pérdida.

El proceso de duelo nos brinda la oportunidad de dedicar un tiempo a asimilar poco a poco la experiencia. No, no seremos los mismos que éramos antes del duelo. Si nos entregamos a vivir la experiencia completa, atravesaremos los mares del dolor con un conocimiento más amplio de lo que implica vivir.

Sí, la muerte nos enseña mucho de la vida y de nosotros mismos.

En el siguiente capítulo hablaremos del proceso específico de duelo en casos de una muerte por suicidio, motivo que posiblemente te llevó a tomar este libro entre tus manos.

L LECTURAS SUGERIDAS PARA ESTE CAPÍTULO

Kübler-Ross, E. y Kessler, D. (2006). *Sobre el duelo y el dolor.* Barcelona: Luciérnaga.

Neimeyer, R.A. (2002). *Aprender de la pérdida: Una guía para afrontar el duelo.* Barcelona: Paidós.

G GLOSARIO

APEGO. Vinculación afectiva intensa.

DUELO. Proceso de adaptación que sigue a cualquier pérdida.

EUFORIA. Sentimiento intenso de satisfacción, felicidad o júbilo.

LIBIDO. Aunque se relaciona con la energía sexual, en este caso se utiliza como energía amorosa o energía de vida.

MANÍA. Elevación anómala del estado anímico.

NORMATIVIDAD. Referente a aquello que norma o rige.

SISTEMAS DE APOYO. Grupo de apoyo emocional.

EXPERIENCIA COMPARTIDA: EMMA Y GABRIELA

El primero del año

Un 8 de enero, Patricio, hijo de Emma y hermano de Emma y Gabriela, decidió quitarse la vida lanzándose a las vías del metro en la Ciudad de México.

Patricio tenía 30 años y era un hombre joven, noble y trabajador. No consumía alcohol ni drogas. Estaba casi recién casado. Había decidido poner un restaurante como negocio, del cual sabía muy poco.

Una tarde cualquiera el teléfono de casa de Gabriela sonó y era Patricio. Estaba llamando desde el metro y su voz se escuchaba débil y extraviada. Patricio le dijo a Gabriela que quería lanzarse a las vías. Gabriela lo escuchó extraño y logró convencerlo de tomar un taxi y regresar a casa. Llegó Patricio y la palabra que Gabriela utiliza para describir su estado es ausente.

Tras esta amenaza, la familia de Gabriela buscó ayuda psiquiátrica para Patricio. Se les sugirió medicarlo y tenerlo en observación, pues el médico detectó que corría el riesgo de volver a intentarlo.

Gabriela comenta que le causó gran sorpresa pensar que su hermano estuviera en esa situación tan apremiante, nunca lo hubiera pensado de él.

No... no. Confieso que yo, su hermana, nunca lo tomé en serio... Jamás pensé que su dolor o su desesperanza llegarían al grado de cometer ese acto.

Después de ese intento Patricio ya no regresó a casa con su esposa y se quedó en casa de su mamá. Gabriela dice que durante el tiempo que estuvo con ellos ya no era el mismo.

Estaba su cuerpo, pero no su alma. Era como un alma en pena.

Finalmente, un día Patricio logró salir de casa, llegar al metro y tirarse. Según Gabriela, aunque le pasaron encima seis vagones, por un milagro su cuerpo estaba completo.

Al respecto, Emma, la mamá de ambos, dice:

Dios me lo entregó completo y se lo llevó de igual manera.

La abuela de Gabriela se enteró de la noticia por la televisión, pues la muerte de Patricio la reportaban como el primer suicidio de ese año en el Distrito Federal.

Gabriela recuerda:

Al recibir la noticia, sentí que las rodillas se me doblaban y caía. Mi cuñado se encargó de arreglar todo. Yo padecí en algún momento de mi vida ataques de ansiedad, así que recurrí a la medicación que tenía para ello para amortiguar la noticia.

Decidí tomar dos o tres, ya no sé… no pude ir a la cremación, estaba tan drogada con los ansiolíticos que me quedé dormida varias horas. Solo despertaba para ir al baño y tomar agua. Y sí, a mi mamá le di varios no sé por cuánto tiempo.

Gabriela buscó al chofer del metro que atropelló a su hermano y habló con él. En nombre de ella y de su familia le pidió que no se sintiera mal argumentando que su hermano no estaba bien desde hacía un tiempo. El chofer le agradeció la llamada.

Mes y medio después de la muerte de Patricio, Gabriela fue víctima durante nueve horas de un secuestro junto con un amigo. Narra en particular un momento en el que se encontraba en un terreno baldío y el secuestrador le apuntó con una pistola a la cabeza.

Pensé "moriré rápido, pobre de mi mamá" y mientras decía un Padre Nuestro vi a unos ancianos con barba larga platicando; cerca de ahí salió Patricio sin piernas pero con un cuerpo más grande y se puso arriba de mi cabeza. En ese momento alguien gritó "A la chava no le haremos nada".

Gabriela les había hablado a los secuestradores de la muerte de su hermano y siente que fue gracias a él que sobrevivió.

Durante año y medio todos los días llegaba alguien a darles el pésame. Recibieron una ayuda maravillosa de muchas personas, aunque otras tantas emitían juicios y los lastimaban sin darse cuenta.

La gente puede ser cruel con sus comentarios… y por momentos se convierten en jueces de la vida de los otros. A ellos solo les tengo compasión.

Han pasado ya más de 15 años de la muerte de Patricio. Hoy su familia está más fortalecida. Emma y sus hijas dicen que esta experiencia les cambió la vida. Se acercaron más como familia, trabajaron duro y tuvieron un fuerte crecimiento espiritual.

R | REFLEXIONES

A diferencia de otras, la experiencia del suicidio de Patricio tiene como antecedente una enfermedad psiquiátrica. Patricio estaba desorientado, "ausente", dice su hermana. Aun así, el dolor emocional es palpable. En esta narración podemos ver que puede haber intentos previos, muchas señales, incluso una intervención familiar de ayuda, pero el desenlace es el mismo. El efecto del suicidio de Patricio en su familia fue arrasador por la terrible violencia de su muerte. El proceso por el que pasó esta familia es fuerte, generando olas de inestabilidad.

La experiencia que narra Gabriela de su secuestro es profunda y espiritual al sentir a su hermano cerca de ella cuidándola. A final de cuentas, esta familia logró recuperarse y encontrar un nuevo camino espiritual y un nuevo sentido de vida.

EXPERIENCIA COMPARTIDA: ERNESTO

Un padre frente al dolor

Rafael tenía solo 17 años cuando se quitó la vida. A su padre, Ernesto, esta experiencia le cambió la vida. Ernesto había estado casado durante siete años y como fruto de esta relación tuvo dos hijos. Rafael era el más pequeño. Cuando Rafael tenía solo 5 años sus padres se divorciaron y él se quedó con su papá. Su madre se ausentó dos años, tiempo en el cual estableció una nueva relación de pareja. Durante esos años se ocupó muy poco de sus hijos. Ernesto se hizo cargo de ellos y logró desempeñar el papel de papá y mamá. Después de estos dos años, la madre regresó, pidió perdón y le pidió a Ernesto que la aceptara nuevamente. Muy dolido, él se negó, pero abrió la posibilidad de que sus hijos recuperaran a su madre y que ella los cuidara.

Aunque Rafael creció con el dolor del abandono de su madre, se convirtió en un chico sano, centrado, inteligente y atleta. En sus años de adolescente se dedicó al deporte y participó en triatlones.

Mi hijo sufría con intensidad cuando tenía problemas con alguien y en una ocasión, a los 15 años, intentó cortarse las venas con unas tijeras, sin tener éxito. Hablé largamente con él —siempre mantuvimos una buena relación— y todo pareció volver a la normalidad. El evento pasó y se olvidó.

A los 16 años Rafael empezó a tener problemas en su rendimiento escolar. Sus calificaciones bajaron y reprobó el año, por lo que tuvo que cambiar de escuela. Cursó el primero de preparatoria en otra escuela y los problemas académicos continuaron.

Un día fue a recoger sus calificaciones y se enteró de que había reprobado otra vez. Acudió a casa de su madre, donde pasó un tiempo. Habló conmigo y lo noté raro. Se le oía triste. Le pregunté qué ocurría y contestó "nada". Pedí hablar con su mamá pero ella no percibió nada extraño en su hijo. Rafael se despidió de mí y al final de la llamada me dijo "recuerda que te quiero mucho".

Ernesto se quedó con una sensación fea, pero intentó no hacerle caso, pensando que tal vez estaba exagerando. Siguió con su día pese a lo que sentía.

Por la noche llegaron a casa y vieron el auto de Rafael, pero a este no lo veían por ningún lado.

Él, Celia, su esposa, y Sofía, su hija mayor, lo buscaron por todos lados. El coche estaba frío, lo cual significaba que había llegado desde hacía un rato.

Finalmente, Sofía salió al jardín, donde encontró la escena de su hermano sentado y desangrado. Se había dado un tiro en la boca con un revólver. La chica se echó a correr y durante al menos dos horas se encerró en su cuarto a llorar y a escribir sin parar.

Cargué a Rafael, lo llevé a casa y lo recosté en un sillón. En estado de shock, no sabía qué hacer. Tomé el arma y la guardé. Pasé largo tiempo sentado en el baño. Perdí el conocimiento de lo que estaba pasando.

Celia llamó a la familia, quien llegó y tras ella, la policía. Los agentes buscaron el arma, pidieron que se les explicara lo sucedido y se llevaron a Ernesto y a Sofía en calidad de detenidos al ministerio público.

No tenía capacidad de pensar, era como si hubiera un bloqueo en mi mente.

El matrimonio fue interrogado durante 10 horas en forma repetitiva. Ernesto estaba preocupado y en alerta por Sofía pues no sabía qué ocurría con ella. Tiempo después los dejaron ir.

Ernesto tuvo que cobrar consciencia pues había muchas cosas por resolver y tenía que estar ahí para los demás.

Mucha gente acudió al velorio. Lo ocurrido con Rafael se supo rápidamente.

Llegué a la funeraria y, al ver el nombre de mi hijo en un pizarrón, me desmayé. Fue como un golpe de realidad que atravesaba el bloqueo que me había protegido de la intensidad del dolor.

No pude regresar a casa hasta después de un mes. Fuimos a vivir con mi suegra. En ese tiempo, mi vida paró, no podía trabajar ni ocuparme de nada. Mi realidad era peor que mis pesadillas. Despertarme era terrible. Busqué ayuda profesional y acudí a un tanatólogo. Remodelé el cuarto de Rafael y saqué sus cosas. No sabía si guardarlas o regalarlas.

Durante dos años se obsesionó con saber qué había ocurrido para que Rafael tomara la decisión de terminar su vida. Entrevistó a sus amigos, hurgó entre sus cosas, su computadora, su teléfono, sus cartas. Mientras lo hacía empezó a tomar cada vez más hasta que cayó en el alcoholismo.

En su investigación no encontró mucho, salvo que le había comentado a su mejor amigo que se iba a suicidar y le dejó un mensaje a otro amigo diciendo lo mismo.

Cuatro años después de la muerte de Rafael, Ernesto ingresó a una clínica con la intención de curarse. Ahí lo lloró y trabajó con su dolor durante seis semanas.

Mientras estaba en esa institución tuvo la oportunidad de compartir su experiencia con una chica que estaba pensando en matarse.

Este evento la salvó y lo llevó a él a encontrar un sentido a su pérdida.

"Esto es lo que quiero hacer, ayudar a otros y prevenir otros suicidios", pensó. Por un tiempo dio su testimonio en diferentes espacios, hecho que le ayudó en el proceso de sanar.

Poco a poco ha retomado su vida. Desde hace unos años ha organizado un triatlón en honor de su hijo. Mucha gente lo acompaña y lo apoya. Hoy Ernesto lleva una vida lejos del alcohol y hace ejercicio. A pesar del paso del tiempo, mantiene contacto con los amigos de Rafael. Es como si todos recuperaran un poquito de él en esa relación. Ernesto ha logrado perdonar a aquellos a quienes en un principio culpó.

R REFLEXIONES

A través de la historia de Ernesto, vemos que en muchas ocasiones el proceso de duelo requiere un largo tiempo. En el caso de él, esto se debió sobre todo a que la muerte fue de un hijo y de una forma muy violenta.

En su duelo, observamos que la intensidad de su dolor lo llevó a buscar "anestesiarse" con el alcohol, y eso complicó aún más su situación emocional.

Finalmente, logró sanar al trabajar en el perdón y en prevenir otros suicidios utilizando su experiencia. Ernesto ha ayudado a muchas personas y esto le ha permitido dar un sentido a su pérdida y su dolor.

Capítulo 3

El duelo por suicidio: ¿Qué sucede en este proceso?

Wenn ihr mich sucht, sucht mich in eurerm Herzen.
Habe Ich dort eine Bleibe gefunden, werde ich immer bei euch.
Si ustedes me buscan, búsquenme en sus corazones.
Ahí encontré un lugar, para estar siempre con ustedes.

Antoine de Saint-Exupéry

SOBREVIVIENTES DEL SUICIDIO

"El suicidio tiene efectos secundarios", dijeron Smolin y Guinan en 1993.

Hablar de suicidio no es solo hablar de un individuo, sino de un individuo en interacción con otros. Lo que hacemos no está aislado de los demás y, de la misma manera, lo que sucede con otros repercute en nosotros. Somos seres sociales, en constante interacción y retroalimentación con el entorno.

> "El suicidio tiene efectos secundarios."
> *Smolin y Guinan*

Cuando hablamos de sobrevivientes del suicidio nos referimos a familiares, amigos y otras personas cercanas que han vivido el suicidio, como acto consumado, de un ser querido. Lo que define a un sobreviviente del suicidio no es el tipo de relación que se haya tenido con la persona, sino la intensidad de la respuesta tras conocer el suicidio. Así, sobrevivientes del suicidio pueden ser tanto los familiares o amigos, como los compañeros de trabajo o de escuela o los vecinos, por dar un ejemplo.

El término "sobrevivientes del suicidio" parece ambiguo, pues podría tratarse de las personas que han intentado suicidarse y han fallado. Sin embargo, en la investigación sobre el tema del suicidio —como el libro *Healing After the*

Suicide of a Loved One, de Ann Smolin y John Guinan, publicado en 1993—, dicho término se emplea para referirse a la gente que vive el suicidio de un ser querido.

Por cada suicidio que ocurre, hay un número variable de personas que sufren por esta experiencia.
〜

Y del término mismo se desprende la primera reflexión sobre el tema, ¿y por qué llamarlos sobrevivientes? Este concepto es objeto de mucho debate en el campo de la psicología, ya que se considera que si una persona se suicida, no se puede hablar de "sobrevivir". Ya se dio fin a la vida. Sin embargo, experimentar el suicidio de un ser querido y seguir viviendo es sobrevivir. Sobrevivir a un dolor intenso y particular, del que hablaremos en este capítulo.

Me permito hacer uso del término ya que lo considero preciso y correcto al expresar la experiencia que vive una persona al perder a alguien por suicidio. Si pensamos que el lenguaje construye significado, vemos que la experiencia de perder a alguien por suicidio puede ser uno de los dolores más grandes de la vida, un profundo dolor emocional que puede parecer desgarrador y mortal. Y el concepto de "sobrevivir" expresa no solo esa intensidad sino también la capacidad de salir adelante.

Por cada suicidio que se produce, hay un número variable de personas que sufren debido a esta experiencia. Su número depende mucho de la situación y de la cultura en la que ocurre este desafortunado hecho, porque la cercanía de las relaciones que establecemos con otros está matizada por la cultura. Por consiguiente, cercanía y relación tienen diferentes expresiones y significados en los diferentes ámbitos sociales y culturales.

En lo individual, el suicidio de un ser querido aparece en circunstancias particulares y en momentos de vida diferentes, por lo que el número de sobrevivientes será diferente en cada caso.

Recuerdo que hace unos años me invitaron a dar una conferencia sobre suicidio en una preparatoria en Cancún.

La inquietud surgió en ese momento en la escuela, no por haber vivido una experiencia como esta en el plantel, sino en otra escuela de la misma ciudad. Se trataba de un chico que se quitó la vida lanzándose al vacío desde el tercer piso de la escuela. El impacto que el suicidio de este adolescente causó en su escuela y en la comunidad de adolescentes en general fue enorme.

Los chicos estaban consternados y los padres, aterrados de que algo así pudiera suceder. Esta conferencia abrió la posibilidad de trabajar la experiencia y con ella pretendimos evitar que algo así se repitiera. Chicos que no se conocían fueron parte de la cifra de personas tocadas por esta tragedia.

Pese a las diferencias que existan, el suicidio siempre ejerce efectos más allá del suicida mismo.

Algunos autores, como Norman Farberow y Edwin Shneidman (1969), cofundadores del Centro de Prevención del Suicidio de Los Ángeles, hablan de seis sobrevivientes por cada suicidio, en tanto que otros, como Adina Wrobleski (1995), los calculan en 10.

Shneidman (1990) asegura que "el suicida deja su esqueleto psicológico en el clóset emocional de los sobrevivientes", sentenciándolos a manejar una serie de sentimientos y posiblemente a vivir obsesionados con una serie de preguntas para el ser querido, que ahora quedan sin posibilidad de respuesta.

De esta manera el suicidio se convierte en una muerte terriblemente cruel para los que se quedan.

LO PARTICULAR DEL DUELO POR SUICIDIO

Cada situación de muerte es diferente y cada experiencia es única. Sin embargo, podemos decir que hay aspectos

particulares en el caso de las muertes por suicidio. Analicé-
moslos.

El carácter repentino de la pérdida

El suicidio
se convierte
en una
muerte
terriblemente
cruel para
los que se
quedan.

No es lo mismo una muerte que ha tenido un proceso y un
tiempo para asimilarse que una que sucede de forma sorpresiva. Una muerte anunciada, por así decirlo, da tiempo
para despedirse y para cerrar temas, círculos y experiencias,
aunque esto lleve implícito un proceso muchas veces desgastante.

En su libro *Intervención en crisis* (1996), el psicólogo Karl
Slaikeu sostiene que "la anticipación es una variable importante al llegar a la muerte inminente, la nuestra o la
de un ser querido". Asimismo, que la muerte puede tomar
proporciones de crisis cuando es prematura, inesperada o
trágica.

Las muertes repentinas como el suicidio nos toman por
sorpresa y nos llevan a un estado de *shock* inicial. Y ante esa
conmoción, la primera respuesta emocional que nos permite protegernos del dolor intenso es la negación. "¡No!
Esto no es verdad. No puede estar sucediendo. Si apenas
ayer estaba conmigo…".

Lo repentino de la muerte puede llevar al sobreviviente
a sentirse más vulnerable, más impotente y con menos seguridad y capacidad de controlar lo que sucede a su alrededor. Esto podría ocasionar que viva preocupado y esperan-
do ser sorprendido en cualquier momento por alguna otra
situación dolorosa e incluso por la misma muerte. Además,
lo pone en un estado de alerta que suele manifestarse en
síntomas de ansiedad.

El carácter repentino de la muerte obliga al sobreviviente a hacer diversos movimientos en su vida para resta-
blecer su orden en la medida de lo posible, como posibles
ajustes en el estilo de vida, en sus relaciones sociales, en
su situación económica, entre otros. Los ajustes que tendrá

que enfrentar de forma abrupta dependerán de la relación que se haya tenido previamente con la persona que falleció.

Hace unos dos años conocí a Marisa, de 40 años de edad. Acababa de perder a su marido, quien se ahorcó en la regadera. Con gran dolor y sorpresa, me contó que la mañana transcurría de forma regular. Se habían levantado ambos, llevaron a su hijo a la escuela y al regresar a casa, Vicente subió a bañarse mientras ella preparaba el desayuno. Poco tiempo después, al ver que no bajaba, ella subió a buscarlo y encontró la terrible escena. Marisa tardó mucho en entender lo que había llevado a su marido a dicha situación.

El carácter ambiguo de la muerte

La respuesta frente a un suicidio es compleja porque en el trágico acto están íntimamente involucrados víctima y perpetrador. El suicida es víctima de su circunstancia y, a la vez, ejecutor de la misma. Esta dualidad despierta sentimientos complejos. Pena y dolor. Empatía y culpa. Enojo y frustración. La gama de respuestas emocionales es amplia y no es estática sino cambiante.

De tal modo, es posible sentir amor y odio por el fallecido. Los sentimientos ambivalentes experimentados después de un suicidio son casi universales. La mayoría de los sobrevivientes muestra una combinación de cariño y enojo hacia el fallecido. Los sentimientos de cariño son comunes en casi todo proceso de duelo, pero el enojo es particular de los casos de suicidio. Se trata de un enojo que puede estar dirigido a uno mismo, al suicida y a otros, incluso a Dios por haber permitido que algo así ocurriera. Con frecuencia se culpa a otros del suicidio o se proyecta en otros el enojo.

Cuando el enojo no se vuelca sobre otros puede volcarse sobre uno mismo y expresarse en conductas autodestructivas o transformarse en depresión.

Algunas de las causas del fuerte enojo de los sobrevivientes son:

La mayoría de los sobrevivientes muestra una combinación de cariño y enojo hacia el fallecido.

- La carga agresiva que implica el suicidio. El deudo lo vive como un rechazo público.
- Pensar que el suicida tenía como fin consciente generar dolor en los otros.
- Sentir que el suicida no pudo ver más allá de sí mismo y evaluar la situación de dolor y estigma que generaría con su muerte.

En mi experiencia profesional he visto en repetidas ocasiones que algunos pacientes no logran distinguir el enojo de la tristeza. Hoy lo entiendo como dos sentimientos que se asemejan a dos caras de la misma moneda. El enojo usualmente se expresa hacia "afuera", mientras que la tristeza es un sentimiento volcado hacia uno mismo, es decir, hacia "adentro".

En muchas ocasiones con el enojo dañamos a otros, en tanto que con la tristeza solemos dañarnos a nosotros mismos. En la consulta privada he encontrado a pacientes enojados quienes, al preguntarles por el dolor o la tristeza, transforman su experiencia.

Expresar la tristeza y el dolor que acompañan al enojo me ha permitido tocar y acercarme emocionalmente a ellos. El enojo deja de ser un obstáculo. Por otro lado, una persona que está triste, al preguntarle por el enojo y movilizarlo, se libera de la carga de la tristeza y puede encontrar mejoría.

Con esto, he llegado a la conclusión de que la tristeza y el enojo, y en muchas ocasiones también la frustración, son emociones que llegamos a confundir con facilidad.

La culpa

Si somos seres sociales y en interacción, la pregunta que surge es ¿cuál fue mi participación en este hecho? Como esposa, como madre, como hijo ¿tengo alguna responsabilidad en el suicidio de mi ser querido?

Y, aunque consiga reconocer que nada pude hacer que justifique la decisión del otro, también puede aparecer la culpa por no haber sido capaz de detenerlo. "Si tan solo lo hubiera escuchado", "si tan solo me hubiera dado cuenta a tiempo".

La frustración y la impotencia que dominan al sobreviviente por no poder modificar la experiencia suelen convertirse en un peso enorme en el proceso de duelo. El sobreviviente se siente rechazado y abandonado por el suicida, y llega a pensar que ha hecho algo malo y que se le castiga con esta experiencia. Entonces, expresa su culpa con autoacusaciones o preguntas comunes como "¿Qué hice mal yo para merecer esto?".

Este cuestionamiento lleva al sobreviviente a asumir la responsabilidad del suicidio, así como a creer que la muerte pudo haberse evitado.

La culpa puede aparecer como una forma de negación. Cuando uno culpa a otros por lo sucedido, busca salvar al ser querido de ser él mismo quien decidió sobre su muerte. Con ello se pretende mantener la imagen y la idea idealizada del ser querido. Esto afecta la relación con otros e impide darle el lugar al fallecido de una manera realista pero amorosa. Dejar de idealizar al ser querido es parte del proceso de duelo. Mantenerlo idealizado y seguir con la vida nos complicará el hecho de que no habrá otro ser vivo que alcance su nivel de ideal.

> El sobreviviente se siente rechazado y abandonado por el suicida.

En terapia frecuentemente hablo con mis pacientes de la necesidad de "integrar". Es decir, de ver a los otros como seres completos y complejos, con aspectos buenos y con defectos.

Perfectamente imperfectos, perfectamente reales. Mirar a los otros de forma integral implica también vivirse a uno de la misma manera. Saberse imperfecto, ni bueno ni malo, ni blanco ni negro, solo tonos de gris.

Hay que aprender a tolerar la imperfección de la vida y de nosotros mismos como seres humanos. Hoy en día, en la consulta privada, se ve a más y más gente batallar con sus propias necesidades obsesivas y de perfección. Nos hemos fijado metas muy altas y la sociedad nos ha vendido imágenes de seres perfectos en películas y espectaculares. Tolerar la imperfección puede, de inicio, generar un cierto grado de ansiedad, pero con el tiempo y el trabajo personal, representa un alivio.

Aceptar la imperfección del ser querido que decidió quitarse la vida nos vuelve más humanos y lo hace más humano a él también. Todos poseemos cierto grado de vulnerabilidad.

Dejar de idealizar al ser querido es parte del proceso de duelo.

Culpar a otros influye mucho en la búsqueda de una explicación de la muerte. Culpar a otros cumple con los siguientes objetivos:

- Apreciar con mayor claridad las consecuencias de las acciones de los otros que las propias.
- Recuperar con este mecanismo un sentido de control y estructura.
- Desplazar el enojo hacia uno mismo y hacia el fallecido.
- Proteger al muerto.

Como vimos, en muchas ocasiones la culpa responde a la necesidad de encontrar a un responsable más allá del suicidio mismo. Culpar a otros y enojarnos con ellos, evita dirigir el enojo a la persona fallecida. También surge a partir de reconocer que se tenía el deseo, consciente o inconsciente, de que la persona muriera.

La distribución y la intensidad de la culpa varían mucho. En primer lugar, los miembros de la familia son los más culpados; entre ellos, los más señalados son los padres y, entre ambos progenitores, las madres suelen aparecer como las más culpadas. Otros a quienes suele culparse son los encargados de brindar cuidado y atención, como médicos, psicólogos, amigos y otros parientes.

En estudios realizados con sobrevivientes del suicidio se encontró que los padres son quienes más tienden a culparse a sí mismos.

Por su parte, Allen y otros autores hacen notar que "a los sobrevivientes de suicidio se les tiende a expresar cuestiones relacionadas con la culpa y la responsabilidad, no con el fin de reafirmarlo, pero lográndolo, al decir cosas como 'No fue tu culpa', 'Él lo decidió'".

En realidad, la solución para el tema de la culpa es hablar de responsabilidad.

Tú puedes ser responsable parcialmente de la relación que tuviste con esta persona que se quitó la vida, pero la responsabilidad total del suicidio es solo de quien lo lleva a cabo. Si se sufre con una relación, antes de tomar una medida tan drástica como atentar contra la propia vida, puede cambiarse o incluso terminarse la relación, o bien buscar otras alternativas de solución.

En resumen y para hacer hincapié en esto: *nadie es responsable del suicidio de otro.*

> La culpa sirve para encontrar a un responsable más allá del suicida mismo.

El estigma social y la falta de apoyo

Como sociedad, el suicidio nos asusta y nos habla de nosotros mismos, de nuestros manejos del dolor y de nuestra capacidad intrínseca para ser sujetos constructivos y también sujetos destructivos, capaces de llegar a la propia destrucción. No, como sociedad no lo avalamos; no solo eso, lo

Como socie-
dad el suici-
dio nos asusta
y nos habla
de nosotros
mismos, de
nuestros
manejos del
dolor.
~

rechazamos y lo etiquetamos como un hecho no deseado y no bien visto. Lo llamamos anormal, enfermo y patológico. Como si al hacerlo lográramos distanciarnos lo suficiente de la experiencia del suicidio y del suicida, de modo que no nos toque y quedemos inmunes ante la posibilidad de la propia destrucción. Hacer esto nos salva a nosotros mismos, pero deja aislados y etiquetados a los deudos de una muerte por suicidio.

El suicidio se convierte en un tema tabú, que estigmatiza no solo al suicida, sino también a los sobrevivientes. Se tiene un temor enorme a hablar de suicidio, como si al hacerlo existiera la posibilidad de "darle ideas" a quien se encuentre en situación vulnerable.

La vergüenza aparece como resultado de este estigma social. La falta de apoyo social es consecuencia de que nosotros, como sociedad, no alcancemos un entendimiento sensible y adecuado frente a este tema.

En muchas ocasiones la vergüenza y el aislamiento se refuerzan porque las personas alrededor no saben qué decir, cómo acercarse o cómo ayudar.

Si el suicida tenía una historia previa de alcoholismo, drogadicción o enfermedad mental, el estigma se vivirá como doble. Esta situación puede llevar al sobreviviente a recurrir al secreto, situación que impedirá un manejo adecuado del duelo.

Los expertos sostienen que, cuanto más apego se haya tenido con el fallecido, más vergüenza y más preocupación se sentirá respecto a heredar o poseer la predisposición emocional que lleva a una persona a decidir suicidarse.

También se asegura que los sobrevivientes cargan con el estigma que deja el suicidio y que este acto no se olvida ni se perdona del todo.

La falta de apoyo social asume dos maneras:

• Ante la sensación de no contar con los recursos para brindar ayuda o ante el temor de no saber qué decir o qué hacer, las personas cercanas a los deudos pueden alejarse. Otros pueden entender el aislamiento y hermetismo del deudo como una señal de que la ayuda y el acercamiento no son bienvenidos.

- A través de conductas inapropiadas de otros, conductas que para los deudos resultan insensibles u ofensivas, y que también manifiestan falta de comprensión y empatía.

Según los sobrevivientes, al aislarse de otros en general niegan sus propias necesidades y se sienten obligados a evadir el tema.

Temen que al hablarlo puedan incomodar a los demás. El aislamiento también responde al temor de ser juzgados.

Entonces, las expectativas de los sobrevivientes de recibir ayuda o apoyo suelen ser muy bajas. Los miembros de la sociedad no estamos preparados para responder ante este tipo de situaciones y nuestras respuestas tienen más que ver con nuestros miedos y tabúes que con lo que el deudo en realidad necesita de nosotros.

> El suicidio no se olvida ni se perdona del todo.

Ante el miedo a ser rechazados, muchos sobrevivientes del suicidio mienten sobre la causa de muerte. Dan explicaciones imprecisas para salir del atolladero, que con el tiempo se vuelven grandes mentiras y más tarde dificultarán el proceso de sanar.

Recuerdo a una mujer que pasó años pensando que su padre la había abandonado cuando en realidad se suicidó. Tuvo que trabajar doble, primero en entender el móvil de su madre para mentirle y segundo, en integrar esta nueva historia a su vida.

Tomando esto como experiencia, conviene pensar qué se va a decir de modo que no esté tan lejos de la realidad pero que nos permita manejar el tema con otros. El suicidio es una verdad cruda, pero nadie tendría por qué sentir vergüenza por las acciones de los demás.

El suicida tal vez no contempla el efecto emocional de la escena que deja atrás.

El carácter violento de la muerte

¿Cómo procesar emocionalmente una muerte cuando en ella aparecen imágenes mentales que impresionan y que no nos permiten recordar al ser querido en un mejor momento? El suicidio siempre es un acto violento, con una carga de agresión hacia el propio cuerpo, sea cual sea el método que se utilice porque, a fin de cuentas, se llega a la muerte.

Al morir, el suicida posiblemente no contempla la escena que deja atrás y el efecto emocional que esta tendrá en el sobreviviente. En la crisis suicida, se nubla la capacidad de dimensionar el efecto que su muerte traerá en los demás. Esto como resultado de la visión túnel mencionada en el capítulo 1.

Aunque la agresión del acto en sí está evidentemente volcada sobre el propio suicida, también conlleva una fuerte agresión hacia los demás.

Según la tanatóloga y experta en apoyo para el duelo, Helen Fitzgerald, el método utilizado en el acto suicida refleja en gran medida el significado del suicidio. Señala que hay una diferencia dado que resulta más fácil aceptar que una persona tome una sobredosis de pastillas o se inyecte una sustancia letal, a que logre el mismo fin por un medio más violento.

Resultará muy difícil imaginar al ser querido ahorcado, disparándose o lanzándose frente a un tren. Por tanto, existe una correlación entre la violencia en el suicidio y el proceso de duelo. A más sangriento y dañado el cuerpo, más intenso será el duelo.

La necesidad de hallar una explicación

La necesidad de aclarar y ordenar mentalmente los eventos que aparecen como extraños y sorpresivos hace que se busque explicarlos.

Se ha descubierto que los sobrevivientes del suicidio sufren más al buscar una explicación y buscar señales que quizá no vieron en un momento dado. Siguiendo esta misma línea, se asegura que eso dificulta poder dar un sentido a la muerte.

La mayoría de las veces no es posible encontrar una respuesta que satisfaga la terrible pregunta ¿por qué?, y es que no hay una única explicación. Los suicidios son actos complejos y multicausales que entrelazan el mundo interno de una persona con su contexto en un determinado momento de vida.

En un orden lógico, primero tendría que entenderse qué sucedió. En un segundo momento, intentaremos acercarnos a una respuesta tentativa de cómo o por qué sucedió. Así, por último, se buscará dar un sentido a la experiencia: ¿para qué sucedió? Esta última pregunta parece extraña, pero conduce a una profunda reflexión y abre la posibilidad de concluir que, aun en las experiencias más dolorosas, se puede encontrar un sentido.

La incertidumbre respecto a qué fue lo que sucedió o motivó al ser querido a llegar a tan fatal desenlace complica y prolonga el duelo. Se buscan unas y otras respuestas pero nunca parecen suficientes y esta incertidumbre genera ansiedad.

Examinar las notas póstumas, las señales que puedan observarse en retrospectiva, es un intento de recuperar tanta información como sea posible para salir del estado de incertidumbre y la experiencia se convierte en un proceso exhaustivo de investigación.

Al tratar de entender lo ocurrido, la persona puede lograr aislar sus pensamientos y sentimientos, concentrándose en los hechos. Sin embargo, la tarea desgastante de entender el suicidio llega a aumentar la vulnerabilidad del deudo para enfrentar la tarea pendiente de afrontar el proceso de duelo.

> Existe una correlación entre violencia en el suicidio y el proceso de duelo.

> La incertidumbre respecto a qué fue lo que sucedió o motivó al ser querido a llegar a tan fatal desenlace complica y prolonga el duelo.

Luisa me dice en terapia que tras la muerte de su hijo de 16 años pasa largas horas leyendo libros sobre suicidio y salud mental. Ha pasado ya casi un año del evento y aún sigue en contacto con los amigos de su hijo, tratando de armar un rompecabezas con los sucesos de sus últimos días. Se niega a deshacerse de sus cosas y mantiene su cuarto como esperándolo. Confía en que las respuestas que aún pueda encontrar le brindarán la paz perdida.

Las implicaciones psicológicas

Entre las consecuencias psicológicas que puede implicar vivir la muerte por suicidio de una persona cercana, encontramos las siguientes:

- Trastorno de estrés postraumático
- Depresión clínica o depresión mayor
- Posibles intentos de suicidio

Trastorno de estrés postraumático

El estrés es una reacción natural ante situaciones que percibimos como difíciles de afrontar o que sentimos que nos rebasan. En estas situaciones no nos sentimos seguros y nuestra manera de reaccionar es la conocida como respuesta de estrés, que se manifiesta al activar aspectos cognitivos, fisiológicos y conductuales. La respuesta de estrés es un rasgo compartido por los seres vivos, humanos, animales e incluso plantas.

El trastorno de estrés postraumático (TEPT) es un trastorno de ansiedad que se presenta tras haber vivido o haber sido expuesto a una situación de alto impacto emocional de tipo traumático, en la cual está en juego nuestra vida y la de otros.

El *Manual diagnóstico y estadístico de los trastornos mentales* (DSM IV) define este trastorno como "el conjunto de síntomas físicos y psicológicos que experimentan las víctimas y testigos de situaciones traumáticas breves o duraderas (catástrofes naturales, guerras, accidentes graves, muertes violentas, torturas y violaciones, etc.) que surgen como respuesta tardía o diferida a tales acontecimientos estresantes y pueden persistir largo tiempo después de los mismos".

Síntomas del trastorno de estrés postraumático

Algunos de sus síntomas son:

1. Recuerdos desagradables, recurrentes o invasores del acontecimiento.
2. Sueños desagradables o recurrentes.
3. Conductas o sentimientos súbitos que aparecen como si el agente traumático operara de nuevo.
4. Malestar psicológico intenso al exponerse a acontecimientos que simbolizan o recuerdan algún aspecto del suceso traumático (por ejemplo, un aniversario).
5. Esfuerzos por evitar los pensamientos o sensaciones asociados con el trauma.
6. Esfuerzos por evitar las actividades o las situaciones que provocan el recuerdo del trauma.
7. Incapacidad para recordar alguno de los aspectos importantes del trauma.
8. Reducción marcada de interés en las actividades significativas.
9. Sensación de desapego o enajenación respecto a los demás.
10. Afecto restringido.
11. Sensación de un futuro desolador.
12. Dificultad para conciliar o mantener el sueño.
13. Irritabilidad o ataques de ira.
14. Dificultad para la concentración.
15. Hipervigilancia.

El trastorno de estrés postraumático es un trastorno de ansiedad derivado de haber vivido una situación de alto impacto emocional.

16. Respuesta exagerada de sobresalto.
17. Respuestas fisiológicas frente a la exposición a aquellos acontecimientos que simbolizan o recuerdan algún aspecto del acontecimiento traumático.

Esta sintomatología es importante para el diagnóstico; sin embargo, existen criterios a cubrir para que pueda diagnosticarse como tal. El TEPT no es de fácil manejo para las personas que lo padecen y su efecto se puede prolongar a lo largo del tiempo si no se atiende de manera adecuada. Hoy se cuenta con múltiples terapias y tratamientos que pueden ayudar significativamente a que la persona mejore.

Depresión clínica

Es importante distinguir entre una depresión esperada como parte de un proceso de duelo y la depresión clínica, que es un trastorno mental y emocional que impide a la persona funcionar adecuadamente.

Síntomas de la depresión clínica

Algunos de sus síntomas son:

1. Estado de ánimo depresivo la mayor parte del día, casi todos los días, indicado por el relato subjetivo o identificado por la observación de otros.
2. Marcada disminución del interés o del placer en todas o casi todas las actividades realizadas durante la mayor parte del día, casi todos los días.
3. Pérdida significativa de peso sin estar a dieta o aumento significativo de peso, o disminución o aumento del apetito casi todos los días.
4. Insomnio o hipersomnia casi todos los días.
5. Sentimientos de desvalorización o de culpa excesiva

o inapropiada (que pueden ser delirantes) casi todos los días (no simplemente autorreproches o culpa por estar enfermo).

6. Menor capacidad para pensar o concentrarse, o indecisión casi todos los días (indicada por el relato subjetivo o identificada por observación de otros).

7. Pensamientos recurrentes de muerte (no solo de temor a morir), ideación suicida recurrente sin plan específico o intento de suicidio o un plan de suicidio específico.

La depresión clínica impide a la persona funcionar de manera adecuada.

Criterios para diagnosticar la depresión clínica

Para que una depresión pueda diagnosticarse clínicamente deberá cubrir los siguientes criterios (APA, 2000):

a) Los síntomas provocan malestar clínicamente significativo e interfieren con el adecuado funcionamiento social, laboral y en otras áreas importantes.

b) Los síntomas no son el resultado del efecto físico de una sustancia, medicación o enfermedad.

c) En caso de estar pasando por un proceso de duelo, la sintomatología persiste durante más de dos meses y se encuentra un visible deterioro funcional, ideación suicida, síntomas psicóticos o retraso psicomotor.

La gravedad de la depresión clínica puede considerarse como leve, moderada o grave.

Cuando perdí a mi amiga, tuve importantes síntomas de estos trastornos que en ese momento no veía. En muy poco tiempo bajé mucho de peso, pese a que comía de forma regular. La ansiedad y la demanda emocional me consumían.

Por otro lado, tenía problemas para dormir. Padecía de muchos miedos y me costaba un enorme trabajo dormir sola. Constantemente venían a mi mente pensamientos sobre lo que yo creía que había sucedido. Pensaba una y otra vez en los últimos contactos que tuve con ella. Me era difícil concentrarme en la universidad y no tenía ánimo de participar en situaciones sociales. Sentirme alterada en forma tan drástica en mi funcionamiento diario, me llevó a terapia.

Posibles intentos de suicidio

El muerto por suicidio puede recibir mucha atención e incluso glorificación.

A pesar de todo el dolor que conlleva experimentar una muerte por suicidio, tras ella podemos encontrar intentos de suicidio en otras personas relacionadas con el suicida. ¿Cómo explicar esto?

En primer lugar, el dolor es enorme. Si tomamos en cuenta que lo que llevó al suicida a cometer su propia muerte fue el dolor, con su acción sembró un enorme dolor en los otros.

El suicidio ocurre como resultante de una sensación de impotencia para enfrentar la vida. Las alternativas se agotaron y la única salida encontrada fue la muerte. De la misma manera, si el deudo vive el proceso de duelo como un proceso sin fin, la salida que se puede plantear al dolor es la muerte. En su libro *Survivors of Suicide*, Robinson señala que "una vez introducido el suicidio como un esquema de referencia, el sobreviviente se vuelve más vulnerable a considerarlo como una alternativa".

En otros casos ocurre por imitación. El muerto por suicidio puede recibir mucha atención e incluso glorificación. Esto sucede sobre todo entre los jóvenes, algunos de los cuales pueden comparar su situación con la de la persona fallecida y pensar que podrían encontrar alivio de la misma manera que el otro lo hizo.

En muchos casos el deudo por suicidio no llega a cometerlo contra su persona, pero sí desarrolla conductas autodestructivas importantes. Parece menos interesado en proteger su vida y esto lo lleva a involucrarse deliberadamente en actos de autoagresión o en conductas indirectamente autodestructivas.

Los riesgos suicidas pueden aparecer no solo en los allegados al fallecido, sino en toda una comunidad. En ocasiones, los suicidios reciben cobertura de los medios y esto transmite la información y, con ella, la experiencia. La noticia de un suicidio ejerce un alto impacto emocional, en especial, si quien se suicidó posee algo en común con nosotros. Si bien en la experiencia de un suicidio lleva a otros a considerarlo como una salida, es importante tomar en cuenta que esto no es una regla. Para que un suicidio provoque otro, se necesita que se conjunten las características personales, ambientales y sociales necesarias.

Cuando Ezequiel perdió a su esposa Rosario por suicidio, lejos de satanizar la acción, la contempló como una opción.

Era la única manera de reunirse con Rosario ahora y la forma ideal de salir de una situación tan dolorosa y de un futuro incierto. Hoy, tres años después, se da cuenta de la carga que esto iba a dejar en sus hijos. Ha crecido espiritualmente, recuerda con cariño el tiempo vivido con Rosario y está por casarse de nuevo. Ezequiel recuperó el rumbo de su vida y se siente afortunado de seguir en pie.

EL PROCESO DE DUELO POR SUICIDIO

El duelo depende de nuestro momento de vida y de la forma de la muerte.

La vida es un constante ir y venir. Los procesos emocionales, así como los procesos de desarrollo, son movimiento. Avanzamos unos pasos y retrocedemos otros. Vivir es estar en constante cambio y evolución, implica siempre un movimiento hacia delante, aunque sea porque el mundo sigue girando y el tiempo pasa.

Los procesos emocionales tienen su propio ritmo y esto quiere decir que, así como individuos somos únicos e irrepetibles, nuestras experiencias también lo son. Al hablar del duelo en el capítulo anterior, dijimos que este dura el tiempo que necesita durar y depende de la relación que se tenía con la persona fallecida. Pero también depende de nuestro momento de vida y de la forma de la muerte. Los duelos por suicidio poseen características similares a otros tipos de duelo, pero las reacciones ante este acto son más intensas y tienen variables propias. Este tipo de duelo tiende a ser más largo y complejo, y el deudo enfrenta diversas dificultades, ya que percibe que tiene menos apoyo social y en ocasiones siente cierto grado de rechazo. Asimismo, constituye una difícil tarea de adaptación emocional y personal hacia un evento trágico. La tarea se complica por los sentimientos de incertidumbre, confusión e inadecuación que le provocan las reacciones de los demás.

ETAPAS DEL DUELO POR SUICIDIO

Tomemos estas posibles etapas con precaución. No necesariamente aparecerán en este orden o con la misma intensidad en un caso y en otro.

Shock

Por lo regular el *shock* aparece como primera fase en un proceso de duelo. Se siente en el cuerpo y se vive como una respuesta fisiológica. "Siento que estoy paralizado, que no puedo moverme, que existe una distancia entre lo que sucede afuera y lo que ocurre en mi interior." Es cuando aparecen síntomas físicos como "nudos en la garganta", ganas de vomitar, ansiedad y dificultad para respirar. Hay un sentimiento general de moverse con lentitud.

Negación

En psicología utilizamos el término negación para describir la respuesta psicológica que protege al *yo* de sentimientos intolerables. De esta manera, la negación se entiende como un mecanismo de defensa. Los mecanismos de defensa son parte del ser humano y son de carácter inconsciente. Están incluidos en nuestra "caja de herramientas", por así decirlo, la cual nos sirve para hacer frente a nuestras experiencias de vida. Cada caja de herramientas es diferente en cada uno de nosotros, por ello no respondemos de igual manera a las experiencias de la vida. Y no todas las cajas de herramientas están equipadas de la misma manera, unas son más funcionales que otras.

La negación es considerada uno de los mecanismos de defensa básicos, por lo que resulta una de las herramientas más utilizadas por el ser humano.

La negación en el proceso de duelo puede ser benigna y funcional, en cuyo caso cederá poco a poco, en la medida en que la persona pueda ir haciendo frente a su proceso de duelo. En otros casos resulta tan dañina y disfuncional, que lleva a la persona a distorsionar la realidad y le impide avanzar en el proceso de sanar. En el suicidio se niega la muerte en sí misma, o bien la causa de muerte, es decir, se niega el suicidio. Esto es, se acepta que la muerte sí sucedió, pero se le atribuye otra explicación, como que se trató de un accidente u homicidio. Esto puede resultar más frecuente y viable cuando no se deja una nota póstuma o cuando las circunstancias de la muerte no son totalmente claras. Hacerlo "salva" al deudo de la complejidad de tener que lidiar con los sentimientos que despierta el que víctima y verdugo sean uno.

Otro tipo de negación es la negación consciente, en la que conocemos y aceptamos la causa de la muerte, pero, para proteger la imagen del fallecido y proteger a su familia, se niega esta a los demás. En este caso intervienen el tabú y el estigma que acompañan al acto del suicidio y complican el proceso de sanación.

La negación es considerada uno de los mecanismos de defensa básicos.

Alivio

Por oscuro que parezca hablar de que en el proceso de duelo por suicidio se pueda sentir alivio, en algunos casos es así. Es posible que el suicidio sea resultado de una larga situación de dolor, no solo del propio suicida sino de sus allegados.

La experiencia dolorosa previa podría deberse a un largo proceso de enfermedad física o mental o a una larga o intensa relación o una situación desgastante. El alivio es una reacción común cuando el proceso previo fue destructivo y puede ser tanto emocional como económico. Sentir alivio usualmente genera culpa y se comparte poco.

Lo anterior indica que si el suicida sufría, es posible que el ser querido haya sufrido igual.

> Sentir alivio usualmente genera culpa y se comparte poco.

Culpa

En líneas anteriores dijimos que la culpa es un elemento central en el duelo por suicidio. La culpa diferencia el proceso de duelo por suicidio de otros tipos de duelo. Por un lado, encontramos la culpa por la responsabilidad del suicidio y aquella que se vive por los sentimientos desencadenantes de la muerte (alivio y enojo).

Depresión

Aquí hablamos de la depresión como una etapa o fase del proceso de duelo que aparece cuando la persona cae en cuenta de que el suicidio en efecto ocurrió y que el ser querido está muerto. En esta etapa los sobrevivientes del suicidio pueden presentar síntomas parecidos a los de una depresión clínica. Sin embargo, no cumplen con los criterios en cuanto a duración para calificarse como trastorno. Entre estos síntomas se encuentran los siguientes.

- Inapetencia
- Insomnio o exceso de sueño
- Apatía
- Tristeza
- Ansiedad
- Irritabilidad
- Negligencia entendida como la falta de cuidado de uno mismo y de otros

En ese caso también se corre el riesgo de que los sobrevivientes intenten suicidarse, como una manera de menguar el dolor o con el fin de reunirse con el ser querido.

Durante la fase de depresión se manifiesta gran preocupación por la pérdida, y se expresa de diferentes formas:

Sueños diurnos: en ellos se fantasea con la muerte, pensando que pudo haberse prevenido o que la persona está de viaje y pronto regresará. Estos sueños son respiros emocionales.

Identificación: de forma inconsciente, los sobrevivientes retoman hábitos o características del fallecido, lo cual no es raro. Sin embargo, puede ser destructivo si esto se torna rígido y se vive como una manera de no enfrentar la pérdida.

Sueños de duelo: en ocasiones el sobreviviente sueña con las circunstancias de la muerte. Los sueños son tan intensos y vívidos que incluso lo despiertan o se confunden con la realidad. Representan los procesos inconscientes que se manifiestan alrededor de la experiencia y que, integrados al proceso de duelo, pueden ayudar a sanar y a dar un nuevo significado. Al soñar, el deudo ve, siente y palpa emociones que en el espacio diurno no se manifiestan.

Rituales: el deudo puede establecer una serie de rituales que le permiten elaborar el duelo o a veces le impiden seguir adelante. Algunos son ir a misa o al cementerio en forma pautada y regular, así como vestir de negro. En otros casos se deja intacta la habitación y las pertenencias del ser querido como una manera de no "dejarlo ir". Esto se conoce como duelo congelado.

> Durante la fase de depresión se manifiesta gran preocupación por la pérdida.

Memoria selectiva: se refiere a la experiencia de creer ver al fallecido, o de intentar mantener vivo su recuerdo a partir de evocarlo oliendo su ropa o perfume, escuchando la música que le gustaba, entre otras formas.

Idealización: en esta se atribuyen al fallecido características especiales, por ejemplo, de grandeza o perfección, lo cual es un obstáculo más para la elaboración del duelo.

El sobreviviente puede soñar con las circunstancias alrededor de la muerte.

Aunque no todo suicidio implica un duelo complicado o patológico, todo sobreviviente se enfrenta a una serie de obstáculos que dificultan la elaboración del mismo. Esos obstáculos, así como las fases de duelo por las que atraviesa, no siempre son tan claros como se explican aquí. Los procesos emocionales son sumamente complejos.

Intentar simplificar la tarea del duelo y ayudar al sobreviviente a sobreponerse a esta experiencia es el objetivo primordial del trabajo de posvención.

L LECTURAS SUGERIDAS PARA ESTE CAPÍTULO

Grecco, E. (2000). *Muertes inesperadas: Manual de autoayuda para los que quedamos vivos.* Ciudad de México: Pax.

G GLOSARIO

AMBIGUO. Comportamiento, expresión o palabra que puede entenderse o interpretarse de diversas maneras.

DEUDO. Persona que vive el duelo por la pérdida de alguien.

INTERACCIÓN. Relación o influencia recíproca entre dos o más personas.

SHIVE. Ritual de luto que se practica en el judaísmo. Son siete días de duelo en que la familia no debe preparar comida y la comunidad se encarga de eso.

Tanatólogo. Especialista que ayuda a aliviar el dolor y la desesperanza que ocasiona una pérdida.

Experiencia compartida: Leonardo

Sin terapia es imposible salir adelante

Leonardo, de 35 años, perdió a su padre hace tres años. La familia de Leonardo había vivido comodidades provenientes de un negocio familiar que proveía para todos y en el cual Leonardo trabajaba con su padre. Con cambios en el frente laboral, la situación económica empezó a deteriorarse. Ciertas inversiones no dieron el resultado esperado y las deudas empezaron a crecer. Acostumbrado a darle a su familia cierto nivel de vida, el padre de Leonardo siguió utilizando todos los recursos con que contaba para mantenerlo.

Leonardo se dio cuenta de que la situación no estaba bien y que su padre intentaba aferrarse a un estilo de vida que no es viable. Pero cuando lo confrontaba al respecto, él lo negaba. Poco a poco las cosas se complicaron pues junto con los problemas crecen las mentiras. Surgieron problemas entre los padres de Leonardo, lo que los llevó a separarse. El padre de Leonardo volvió a casa de su madre y fue ahí donde se enfrentó al hecho de estar solo y sin dinero.

Un par de semanas después de separarse acudió a la casa familiar a pedirle a la madre de Leonardo que lo recibiera de vuelta. Discutieron y cuando ella se negó a hacerlo, él fue a casa de sus padres, salió al jardín y se dio un tiro. Tenía 62 años.

Cuando recibí la noticia me quedé frío. No crees lo que te está pasando, te bloqueas por unos segundos. Permanecí callado, intentando procesar lo que me acababan de decir. La empleada de la casa de sus padres me llamó para decirme que fuera inmediatamente porque mi padre se había disparado. Supe que estaba muerto. Mi esposa empezó a gritar.

Al llegar a casa de sus padres ya había gente, incluso la policía pues los vecinos escucharon el balazo. Tuvieron que ir a declarar y a partir de ese momento recibieron mucho apoyo de la comunidad judía. Leonardo había vivido fuera de México y consideraba regresar. La situación después del suicidio lo llevó a tomar la decisión de hacerlo.

Hubo *shive* para su padre, al cual acudió mucha gente. El suicidio fue una verdad silenciosa. Todos sabían lo ocurrido. Los rituales fueron difíciles para Leonardo, pues al mismo tiempo no paraba de recibir llamadas de personas que buscaban cobrar lo que el papá les debía. Había muchos asuntos pendientes que arreglar en el aspecto económico.

Tuve que posponer mi situación emocional para resolver estos asuntos. Sin embargo, busqué ayuda profesional y entré a terapia. Sin terapia es imposible salir adelante de una situación como esta.

Con el tiempo ha armado el rompecabezas de lo que su padre ocultaba, aunque nadie sabe la verdad a ciencia cierta.

Tras la muerte de mi padre la familia se desintegró. Cada quien empezó a ver para su lado. Mi madre siguió un tiempo como si nada y no fue sino hasta pasado un tiempo que la realidad la golpeó muy fuerte. Yo no siento culpa ni remordimiento y he logrado recordar a mi padre por las cosas buenas.

Me duele sentirme solo sin él y no poder solicitar su opinión cuando lo necesito. Me duele que mis hijos crezcan sin un abuelo. A veces sueño con él y veo su cara.

Siento que todavía estoy sanando. Mi esposa ha sido de gran apoyo, así como la comunidad a la que pertenezco.

Leonardo considera que la decisión que tomó su padre fue muy impulsiva.

R REFLEXIONES

Con la experiencia de la muerte del padre de Leonardo podemos ver cómo una situación que se va complicando por pérdidas puede orillar a una persona a atentar contra su vida.

En el caso de Leonardo, tener que hacerse cargo de lo que el padre deja pendiente, le impide resolver su estado emocional de forma inmediata. Ahora reconoce lo intenso de su pérdida y señala que no es fácil salir por sí mismo de esta traumática pérdida.

El apoyo del contexto social, independientemente de la cultura de que se trate (en este caso la judía) juega un papel fundamental en la elaboración del duelo. Las difíciles circunstancias económicas derivadas de una pérdida lo complican.

EXPERIENCIA COMPARTIDA: GEORGINA

Hablarlo lo libera, lo deja ir

Georgina me comparte su experiencia en relación con el suicidio de la esposa de su papá. Cuenta que Leticia terminó su vida en casa de ambos dándose un tiro con una pistola. Esto sucedió tras una discusión con el papá de Georgina.

La noticia se la dio un familiar, quien en un principio solo le dijo que Leticia había sufrido un accidente, que estaba muerta y su padre la necesitaba, lo encontraría en el ministerio público.

La información me tomó por sorpresa y entré en un estado de confusión y duda. ¿Qué fue lo que pasó? ¿Qué tiene que ver el ministerio público en todo esto?

Tengo muy presente la expresión de mi papá cuando llegué. Estaba desencajado. Me di cuenta de que lo estaban interrogando e incluso le hicieron una prueba de balística. Mi papá me dijo: "Te juro que

*yo no la maté". Seguía sin comprender lo sucedido hasta que al-
guien me aclaró que Leticia se había suicidado.*

Después de esto nos ocupamos de los ritos fúnebres.

El velorio fue algo pequeño y llevar al padre resultó difícil. Para ese momento Georgina estaba furiosa con Leticia.
¿Cómo pudo dejar a su hijo tan pequeño? ¿Cómo pudo hacerlo en su casa? ¿Cómo pudo hacerle tanto daño a su papá?

Le preocupaba la salud de su padre, quien padecía del
corazón.

La experiencia del sepelio fue terrible para ellos. La familia de Leticia apuntaba al papá de Georgina como el
culpable de su muerte y le gritaban "asesino".

El padre de Georgina, quien no quiso regresar a su casa
de inmediato pues seguía intacto el lugar donde su esposa
se había suicidado, le pidió a su hija que se hiciera cargo de
limpiar todo para que él pudiera volver.

*Sentía terror de regresar a esa casa y, sin embargo, hice lo que me
pidió por amor a él. Recuerdo el olor de la sangre y lo fuerte que fue
realizar esta tarea.*

Poco después su padre regresó a casa y gradualmente se
acostumbró a la idea de lo sucedido.

El tema del suicidio no se volvió a tocar en la familia y
el hecho permaneció como secreto para el hijo de Leticia,
quien hace algunos años se enteró de lo sucedido.

*Dudaba sobre lo que provocó esto y comencé a tratar de armar el
rompecabezas recabando información entre sus familiares. Descubrí
una serie de cosas que pasaban entre mi padre y Leticia, las cuales
provocaron una discusión entre ambos y el posterior suicidio de ella.
Cuanto más sabía, menos se acomodaban las fichas.*

La principal emoción que sintió en ese tiempo fue mucho
coraje, y también tristeza por su padre y por su hermano,
quien se quedaba sin su madre.

La comunicación en su familia siempre había sido buena, pero cuando sucedió el suicidio, no se habló más del tema. Había como un acuerdo tácito de que de eso no se debía hablar. Georgina cree que su padre no quiso comentarlo, pues el suicidio podría poner en evidencia detalles de su relación con Leticia y lastimaría la imagen que su hermano tenía de su mamá.

Georgina ha cargado con esta experiencia en silencio y sabe que no lo ha podido trabajar, ya que es algo que no comparte con nadie. Recientemente, uno de sus primos le preguntó por lo ocurrido y ella se abrió a contarle los detalles. Al hacerlo sintió que se liberaba de un peso.

Es fundamental que la gente no considere que el suicidio es un tema tabú; hablarlo nos libera, permite que lo dejemos ir.

R REFLEXIONES

En la experiencia que comparte Georgina vemos que un suicidio puede resultar en un inicio una muerte que parece ambigua y no se define como suicidio desde un principio. Pasar por la ambigüedad sitúa a los dolientes en la posición de ser señalados como responsables y autores del crimen. Aunque al final esto no se compruebe como la causa real de la muerte, surge el dolor que implica la idea de ello.

En el suicidio de Leticia vemos una carga agresiva enorme. No solo por el método empleado sino por el efecto agresivo tan fuerte en los sobrevivientes.

La experiencia de Georgina refleja con claridad la ruptura en la relación de las familias, así como el peso de cargar con el suicidio como tema secreto y tabú dentro del ámbito familiar.

CAPÍTULO 4

EL SUICIDIO EN LA FAMILIA

El suicidio es un acto singular
con un efecto plural.
J.H. Hewett

La muerte es solo uno de los tantos acontecimientos que pueden trastocar el funcionamiento de una familia. La familia es una pequeña célula de nuestra sociedad que lucha constantemente por encontrar su equilibrio. No obstante, se sabe que el equilibrio absoluto no existe. Mientras haya vida habrá movimiento y cambio.

La crisis que implica el suicidio en una familia es intensa.

Las crisis a lo largo del ciclo vital de la familia la obligan a reacomodarse. La familia negocia y ajusta una y otra vez reglas, jerarquías y límites, entre otros aspectos.

Las inevitables crisis que vivimos al estar en familia pueden ser de dos tipos:

1. Como parte del proceso natural en el que la familia nace, crece, se desarrolla y muere. Aquí la inclusión o salida de uno o varios miembros juega un papel importante; por ejemplo, la llegada del primer hijo.
2. Las de tipo circunstancial y que no necesariamente van de la mano con el ciclo vital de la familia. Estas crisis aparecen de forma repentina, como en los casos de un desastre natural o una muerte.

La crisis que implica el suicidio dentro de una familia es intensa, sin importar su forma o constitución. Con esto me refiero a que hay diferentes tipos de familia: la familia nuclear (miembros de una pareja y sus hijos), la familia con un solo jefe o monoparental, la familia reconstituida (proveniente de un divorcio o muerte de un cónyuge anterior), etcétera. Para fines prácticos, aquí hablamos de una familia normativa que se refiere a papá, mamá e hijos, aun sabiendo y teniendo presente que cada día este modelo de familia deja de ser el que predomina.

El suicidio toma por sorpresa a la familia, evento que la desorganiza y la obliga a reflexionar sobre su dinámica y funcionamiento. Muchas familias que viven un suicidio se quedan con una pregunta inquietante: "¿Qué dice este evento acerca de quiénes somos como familia?". La respuesta tarda en venir y en ocasiones nunca se encuentra del todo.

Un suicidio deja a una familia herida y trastocada.

En pocas palabras, un suicidio deja a una familia herida y trastocada. Las repercusiones dependerán de la función, el rol y la importancia de la persona fallecida dentro del sistema.

La experiencia del duelo tiene características individuales. Incluso entre familiares, es posible que cada uno tenga una forma diferente de hacer frente a su dolor y a la pérdida, lo cual puede dificultar aún más la sanación posterior a la crisis. Es un error asumir que otros van a vivir el duelo igual que uno.

La manera en que yo como individuo haga frente a una pérdida dependerá de varios factores. Autores reconocidos afirman que el trauma no se refiere al estresor propiamente, sino a nuestra respuesta individual frente a este. Por consiguiente, el nivel de "trauma" al que se llegue o el efecto de dicho estresor dependerá de nuestras características y diferentes aspectos de la personalidad, por ejemplo, aquellos con una base fisiológica o genética como

- El temperamento
- La capacidad intelectual
- La salud física

- La resiliencia
- La apariencia física

Llama la atención el concepto de resiliencia, el cual ha cobrado auge en los últimos años en el campo de la psicología. La resiliencia es la capacidad del ser humano para hacer frente a las adversidades de la vida, superarlas y ser transformado positivamente por ellas.

La doctora alemana-estadounidense Emmy Werner estudió a un grupo de personas desde su nacimiento hasta los 40 años. Observó a algunos niños que, por sus difíciles condiciones de vida, aparentemente estaban condenados a presentar problemas en el futuro; sin embargo, estos llegaron a ser exitosos en la vida, a constituir familias estables y a contribuir a la sociedad de forma positiva. Algunos de ellos procedían de los estratos más pobres, eran hijos de madres solteras adolescentes y pertenecían a grupos étnicos marginados, a lo cual se sumaba el antecedente de haber tenido bajo peso al nacer. La observación de estos casos condujo a la autora, en una primera etapa, al concepto de "niños invulnerables" (Werner, 1992), entendiendo como "invulnerabilidad" el desarrollo de personas sanas en circunstancias ambientales insanas. Posteriormente se vio que el concepto era un tanto extremo y que podía cargarse de connotaciones de tipo biológico. Se buscó algo menos rígido y más general que reflejase la posibilidad de enfrentar eventos estresantes, severos y acumulativos con eficacia, y se llegó a "capacidad de afrontar".

Desde la década de 1980 ha crecido el interés por tener información de las personas que desarrollan competencias a pesar de haber sido criadas en condiciones adversas, o en circunstancias que aumentan las posibilidades de presentar patologías mentales o sociales. Se concluyó que el adjetivo resiliente, tomado del inglés *resilient*, expresaba esas características y que el sustantivo "resiliencia" expresaba esa condición. En español y en francés (*résilience*) se emplea en metalurgia e ingeniería civil para describir la capacidad de algunos materiales de recobrar su forma original después de ser sometidos a una presión deformadora.

Así, el término fue adoptado por las ciencias sociales para caracterizar a aquellos sujetos que, a pesar de nacer y vivir en condiciones de alto riesgo, se desarrollan psicológicamente sanos y obtienen éxito social.

Estos aspectos influyen en la manera como nos relacionamos con el mundo y como construimos nuestro entorno y nuestras relaciones. De ahí se desprenderán nuestras necesidades y motivaciones.

LAS NECESIDADES INDIVIDUALES

Las necesidades que desarrollamos como individuos en general y que nos ayudan a entender las diferentes respuestas ante una pérdida son las siguientes:

1. *Un marco de referencia.* Contar con un marco de referencia nos permite construir una identidad estable y coherente.
2. *Seguridad.* Saber que estamos protegidos y libres del mal.
3. *Confianza/dependencia.* Poder confiar en otros y saber que podemos contar con ellos.
4. *Autoestima.* Ser valorado por otros, así como valorarse a uno mismo y poder valorar de la misma manera a los demás.
5. *Independencia.* Tener la capacidad de regularse y recompensarse a uno mismo.
6. Poder. Ser capaz de sentir control sobre uno mismo y sobre otros.
7. *Intimidad.* Sentirnos conectados con otros en forma individual y como miembros de un colectivo o comunidad.

Tomando en cuenta los puntos anteriores, podemos observar e imaginar cómo todos y cada uno somos diferentes de otros.

Una pérdida puede afectarnos en más de un aspecto. Puede tocarnos en nuestro sentido de pertenencia o, si la vivimos como un abandono, es muy posible que toque la manera en que nos vivimos a nosotros mismos y afecte nuestra autoestima.

Como individuos en constante proceso de cambio, las experiencias de la vida nos moldean. En ocasiones, hay experiencias que nos fortalecen y otras que nos debilitan. Pero siempre estamos en constante cambio y ajuste.

En las relaciones familiares y en las relaciones sociales en general hay dos tipos de comunicación: verbal y no verbal. En la vida familiar es tan importante lo que se dice como lo que no se dice pero se sabe o se actúa. Cada evento o circunstancia nos comunica algo acerca de esta familia y de sus miembros.

> Hablar de un suicidio dentro de la familia no es tarea fácil y una buena comunicación allana el camino.

La congruencia entre lo que se dice y cómo se dice es fundamental para el bienestar de las relaciones familiares. Hablar de un suicidio dentro de la familia no es tarea fácil y una buena comunicación allana el camino.

A continuación abordaremos los distintos casos de suicidio que ocurren en el seno familiar, describiremos sus efectos y presentaremos las formas de manejarlos en la mejor forma posible.

CUANDO UNO DE LOS PADRES SE SUICIDA

Los padres representan seguridad y protección, son las figuras que miran por las necesidades de sus hijos. La muerte de un padre despierta temor al futuro. Independientemente de la edad del hijo, este nunca antes ha tenido la experiencia de vivir en este mundo sin ellos. Podemos no haber vivido siempre con un hermano o con la compañía de un amigo, pero de los padres venimos, ellos nos trajeron al mundo y nuestra vida no conoce un antes de ellos. La muerte de un padre nos deja en una situación de vulnerabilidad, sensación que será mayor cuanto más temprana sea la pérdida.

> En muchas ocasiones se oculta el suicidio como causa de muerte de un padre.

Esto se agrava cuando se trata de un suicidio porque este se vive como un abandono. La persona de la que se dependía se fue por voluntad propia. El hijo sobreviviente siente que quizá no fue lo suficientemente bueno para mantener al padre vivo. Junto con el dolor, puede vivirse resentimiento y enojo por ser abandonado.

En este caso la edad de cada hijo no importa, pues nada lo prepara para ello. Y cada edad y cada circunstancia traerán consigo situaciones particulares.

Un padre es un modelo a seguir. ¿Qué quiere decir esto? Que en este caso existe la posibilidad de que el hijo monte la imitación del acto suicida, el cual representa su deseo de reencontrarse con el padre a partir de la imitación del acto.

En muchas ocasiones se oculta el suicidio como causa de muerte de un padre, quizá por la edad del hijo, o por el deseo de evitarle el dolor y la incomprensión que este acto implica. Pero los secretos en la familia son secretos a voces. Hacen ruido, se saben sin palabras, generan desconfianza y merman las relaciones. Entonces, el hijo se enfrenta no solo a la dura realidad del suicidio, sino también al dolor agregado de sentirse engañado. Los secretos en la familia en un caso así impiden que la persona elabore su proceso a la par de sus demás familiares. Si se calla, la muerte se llorará una vez, pero el suicidio dolerá otra vez al descubrirse el secreto. De mantenerse en secreto el suicidio de un padre, el hijo podría quedar aislado también de los ritos funerarios que le permitirían despedirse del que se fue y elaborar su proceso de duelo.

¿Cómo resolverlo?

Hay diversas maneras de manejar el tema de la muerte y del suicidio en los niños.

Medidas recomendables

- Asesorarse y dejarse guiar por un profesional.
- Puesto que, como decíamos, las palabras construyen, cuidar lo que se diga al respecto será esencial para la construcción que el hijo hará del evento.
- Hablar con la verdad de forma sencilla y directa, aunque en un principio el niño tal vez no lo entienda. Lo que se diga en el momento de la pérdida será una base para las comunicaciones futuras. Más adelante hablaremos del manejo de la muerte en los niños.
- Hablar del suicidio desde la perspectiva del dolor psíquico o emocional, permite al deudo sentir compasión por el fallecido.
- Entender uno de los cambios más notorios en el hijo sobreviviente: su necesidad de mantenerse cerca del padre vivo. Si es pequeño, puede surgir en él temor a que el padre vivo también desaparezca.
- Prestar atención a su hora de dormir. Tal vez manifieste temor a dormirse y a la oscuridad, y sufra pesadillas.
- Trabajar en especial con los niños en su sensación de responsabilidad o culpabilidad por la muerte del padre. La naturaleza egocéntrica de los niños pequeños hará que se cuestionen si hicieron algo mal para que el padre muriera y los abandonara. Convencerlo de que nadie es responsable de la decisión de muerte de otro.
- Trabajar con él para reforzar su papel real en la familia. En el suicidio de uno de los padres, al igual que en otros duelos, es posible que el hijo adopte, en forma voluntaria o impuesta, el papel del fallecido. Es decir, puede actuar como pareja del padre vivo o como protector de los hermanos.
- Este traumático evento llega a convertirse en un obstáculo para el desarrollo de la identidad en el hijo. ¿Cómo lograr que se identifique y se separe de un padre que se ha suicidado? Aquí lo recomendable es re-

flexionar con el niño y construir —pese al suicidio— una imagen positiva del padre, la cual será fundamental para brindarle una figura de imitación. El suicidio es un acto de dolor, un evento a lo largo de la vida de la persona. El ser humano es mucho más complejo que eso y habrá muchas cosas que podrán rescatarse. Para ello, conviene trabajar en separar a la persona de la conducta. Podemos definir una conducta como no deseada, no congruente y bien vista desde nuestro marco de referencia de valores y creencias y, de todas formas, conservar el amor y el reconocimiento por la persona. El amor puede ser incondicional aunque se reprueben las conductas de otro.

El padre considera que no fue suficientemente bueno para evitar el suicidio.

CUANDO UN HIJO SE SUICIDA

Cuando un hijo muere por suicidio, el padre usualmente siente que el orden natural de la vida se ha alterado, ya que él imaginaba que moriría antes que su hijo. El DSM IV (APA, 2000) señala que uno de los factores causantes de estrés más terribles de la vida es la pérdida de un hijo; habrá solo que imaginar lo que representa que esto suceda por un suicidio.

Muchos consideran la pérdida de un hijo como una muerte "fuera de tiempo" que no concuerda con lo esperado dentro de un ciclo de vida normal. Esto hace parecer estas pérdidas aún más injustas y absurdas.

Uno de los sentimientos que predomina en el padre tras la muerte por suicidio de su hijo es la culpa. En términos generales, considera que no fue un padre suficientemente bueno para evitar el sufrimiento y el suicidio de su hijo. Que no cumplió en forma adecuada con la tarea que la vida le otorgó de proteger a su hijo. Inevitablemente, el padre buscará en el pasado las señales que le ayuden a explicar y a entender lo ocurrido.

Por otra parte, los padres sobrevivientes temen ser juzgados y señalados por otros como responsables de la muerte de su hijo. Tras culparse, buscan culpar también a otros, para así deshacerse de tan tremenda responsabilidad. Ante el suicidio de un hijo, suelen surgir problemas entre los miembros de la pareja, quienes intentan culparse mutuamente.

En algunos casos, el suicidio de un hijo puede ser la culminación de una larga historia de conflictos con él. En estas circunstancias, y por terrible que parezca, el padre sobreviviente puede sentir alivio al saber que ese periodo de preocupación terminó. Sin embargo, ese alivio es temporal y también fuente de culpa.

La pérdida de un hijo duele no solo por lo que fue, sino por lo que pudo haber llegado a ser. Con él mueren los planes que se habían tejido para el futuro.

> La pérdida de un hijo duele no solo por lo que fue, sino por lo que pudo haber llegado a ser.

¿Cómo resolverlo?

El duelo de un padre en estas circunstancias parece no tener fin, parece irresoluble. No lo es, aunque su sanación toma mucho tiempo.

Medidas recomendables

- Trabajar con el padre para concientizarlo sobre un punto difícil de aceptar: en realidad, si bien los padres son responsables de ver por los hijos y de protegerlos, su capacidad de acción llega hasta un límite. Tarde o temprano el chico será responsable de sus decisiones y asumirá las consecuencias de su conducta.
- Con un proceso largo y complejo, llevarlo a concluir que, por alto que sea su nivel educativo, por buenas que sean sus intenciones, si los padres estuvieran capacitados para leer las señales previas a un suicidio, muchos no ocurrirían. Los chicos no vienen con un manual ni los padres con un curso de capacitación para ser padres.

- Concientizarlo de que ningún padre es responsable del suicidio de su hijo. Ningún padre desea pasar por la experiencia de perder a su hijo por este motivo.
- Por encima de todo, apoyarlo y ayudarlo en su proceso, el tiempo podrá aliviar —aunque no terminar del todo— su dolor.

CUANDO LA PAREJA SE SUICIDA

El suicidio de la pareja deja en el sobreviviente un alto grado de inseguridad.

Las relaciones de pareja son interdependientes, es decir, poseen cierto grado de dependencia y cierto grado de independencia. Dependencia e independencia varían de una pareja a otra e incluso en la misma pareja a lo largo del tiempo que dura su relación. Con base en esto, el duelo se vive en forma diferente, según el grado en que la pareja haya desarrollado patrones de dependencia o independencia. Algunos autores señalan que, en la pareja dependiente, si el que depende es quien vive la pérdida, el duelo se vivirá como un momento de descontrol e incertidumbre porque ya no está la persona que llevaba las riendas.

Con la muerte de la pareja no solo se pierde el presente de quien queda sino también las expectativas para un futuro en común. Tras el evento, la persona sobreviviente se queda con un gran sentimiento de abandono y de rechazo. En estos casos, es muy frecuente escuchar la pregunta "¿por qué me dejó?".

Por otra parte, la culpa puede llevar al sobreviviente a pensar que no tiene derecho de salir adelante. La idea de volver a formar una pareja podría resultar aterradora.

El suicidio de la pareja deposita en el sobreviviente un alto grado de inseguridad, al pensar "No fui lo suficientemente importante para mantenerlo vivo". En algunos casos, es la familia política la que señala a la pareja sobreviviente como responsable del suicidio.

Si se trata de parejas no casadas (comprometidas, separadas, divorciadas, en unión libre o amantes), estas pueden considerarse deudos secundarios, que incluso llegan a ser excluidos por la familia de los rituales de despedida.

Al estar en pareja enfrentamos nuestros propios miedos e inseguridades de vivir en intimidad y proximidad con otra persona. La confianza es un valor que se trabaja arduamente en este tipo de relación y se gana con el paso del tiempo y con el que le dedicamos a esta convivencia. Una vez que la pareja se suicida, se tambalean nuestra confianza y capacidad de establecer relaciones íntimas. ¿Podremos ser conscientes de los deseos de morir del otro? Y si es así, ¿seremos capaces de frenar su deseo de atentar contra sí mismo? Creo que no. Quien piensa en provocar su propia muerte y morir, lo hará por encima de todas las cosas y de todas sus relaciones.

Hoy, parte del gran malestar en la parejas se debe a la codependencia que caracteriza a nuestras relaciones. Pensar que todo aquello que otro hace es en función mía o viceversa, que todo lo que hago yo responde a lo que hace el otro, me parece un error. Él es él y yo soy yo. Y sí, compartimos, convivimos y creamos un mundo en conjunto. Pero no podemos dejar de lado la responsabilidad individual que cada uno tenemos sobre nosotros mismos y sobre la relación que construimos. Si una pareja decide suicidarse es su responsabilidad. ¿Que sí había problemas, diferencias, infidelidades? En efecto, eso es responsabilidad de dos, pero qué hace uno con ello es responsabilidad propia exclusivamente.

La depresión, el alcoholismo y el consumo de drogas están presentes en la vida de muchos, más aún en los casos de suicidio. Los aquejados por estos males se sumergen en un estado emocional que alimenta las relaciones de codependencia y también los impulsos suicidas. Así como el alcohólico es dependiente del alcohol, el codependiente depende de la relación con el adicto. Los codependientes se involucran de forma superlativa con otros y piensan que ellos podrán influir en la conducta y las decisiones de esos otros. De hecho, muy a menudo, el codependiente actúa como el salvador.

Una vez que la pareja se suicida, se tambalean nuestra confianza y capacidad de establecer relaciones íntimas.

En los casos de suicidio sucede lo mismo. Si había este tipo de relación entre la pareja, la idea de haber podido salvar al ser querido aparece y con ello la enorme culpa por no haberlo logrado. La codependencia es una forma compleja de relacionarse; sí, pudiste haber hecho algo diferente, pero no sabemos si hubiera sido suficiente u oportuno para detener al otro de decidir matarse.

También hay el suicidio cometido como chantaje. Este tipo de suicida, por lo menos en ciernes, hace comentarios como "si me dejas, me mato". Utilizar así una posibilidad de tantas implicaciones como el suicidio nos habla del carácter patológico de la relación. Alguien que se mantiene unido a otra persona por temor a que se mate, asume una responsabilidad que no le corresponde; la responsabilidad de seguir viviendo o no es estrictamente individual.

Cómo resolverlo

Alguien que se mantiene unido a otra persona por temor a que se mate, asume una responsabilidad que no le corresponde.

Una persona que amenaza con matarse si no seguimos con ella, antepone sus sentimientos a los tuyos, es decir, se muestra insensible a ellos. Para salir de este tipo de chantaje, la mejor postura es decir "Tu vida vale mucho, pero es decisión tuya saberla llevar. Nadie es responsable de tu vida más que tú".

Medidas recomendables

- La ayuda de un profesional es lo más conveniente en estos casos. Si el sobreviviente perdió a su pareja por la culminación de un chantaje, es esencial ayudarla a interiorizar la seguridad de que, aunque la persona la haya culpado del suicidio, en verdad, él o ella no lo es; de hecho, nadie lo es. Insisto, la responsabilidad de quitarse la vida es solo de la persona que atenta contra ella.

- Ayudar al deudo a entender que, aun cuando la responsabilidad de cómo haya sido la relación previa recaiga en ambos, él o ella no tiene que ver con una decisión de esa naturaleza. Si la relación de pareja no es buena, uno siempre puede salirse de ella, terminarla, abandonarla, antes de abandonar la vida.

CUANDO UN HERMANO
O HERMANA SE SUICIDA

La muerte de un hermano saca a relucir la propia mortalidad. Las generaciones mayores son las que supuestamente deben morir primero, no la propia. El hermano sobreviviente puede dudar de la capacidad de los padres para cuidarlo. Ante la falta de confianza en esa capacidad, el hijo puede dar señales de rebeldía, la cual también actúa como catalizador de sus emociones y distrae a los padres de su proceso de dolor.

En muchas ocasiones se idealiza al hermano que muere y el hijo sobreviviente tal vez intente imitar su conducta. Es tan grande el dolor por el suicidio de un hijo que a veces los padres y demás familiares cercanos toman a los hermanos de este como deudos secundarios.

Muchos hermanos sobrevivientes intentan complacer a sus padres como una manera de llenar el vacío que estos sienten, aunque también, tras un suceso como este, en ocasiones el dolor impide la comunicación adecuada entre ellos.

> Muchos hermanos sobrevivientes intentan complacer a sus padres como una manera de llenar el vacío que estos sienten.

Cómo resolverlo

Una de las maneras más útiles de ayudar a sanar este tipo de situación es que tanto los padres como los hijos sobrevivientes hagan un esfuerzo consciente por enriquecer su comunicación, compartir su dolor y ayudar a atravesar por el tremendo duelo en el que se ven implicados.

Medidas recomendables

- Como padres, asegurarse de no retirar la disponibilidad emocional para el hijo sobreviviente, pues muchas veces este siente que no solo perdió a su hermano sino también a alguno de sus padres e incluso a
ambos. Esto suele ser temporal, pero él no lo verá así.
- Ayudar a los padres a evitar otro escenario, el de la so-
breprotección, provocada por el temor a perder otro
hijo. Es fundamental verbalizar y compartir esa emoción para lograr sanarla y cuidar la relación entre los
padres y los hijos sobrevivientes.

Hasta aquí hemos hablado de la familia nuclear, es decir, de
los miembros en relación más inmediata. Esto no significa
que otros miembros de la familia no sean impactados por el
dolor ante el suicidio de uno de sus integrantes.

El impacto de un suicidio no lo define el rol de la persona que lo sufre, sino la experiencia subjetiva de la relación
misma. Un primo o un abuelo por ejemplo, pueden ser personas increíblemente importantes en la vida de una persona.

Como regla general, a mayor cercanía en una relación,
mayor dolor frente a la pérdida.

De tal forma, lo que antes reflexionamos sobre el impacto de un suicidio en función de las diferentes formas de
relación que existen dentro de una familia es un intento
de hablar en general. Se sabe que en las relaciones familiares
la definición de la relación y la experiencia de esta la dan la
propia persona y no el papel que desempeña.

La experiencia de la muerte en los niños

Para que los niños puedan entender la muerte necesitan
desarrollar su capacidad cognoscitiva. Algunos autores señalan que si bien los conceptos infantiles revelan un modelo

de desarrollo similar en todos los niños, varían ampliamente según la edad. Como ya mencionamos, el niño se desarrolla en el aspecto cognoscitivo a medida que su capacidad de pensamiento poco a poco se vuelve más compleja.

Etapas del niño en relación con la vida y la muerte

Al estudiar el tema de la muerte, se observa que los conceptos de vida y muerte cambian gradualmente, según las etapas por las que el niño atraviesa.

El niño pequeño (antes de los 5 años de edad)

Este niño no tiene ni el desarrollo cognitivo ni la capacidad emocional para hacer frente a una pérdida como los tiene un niño mayor. Por su naturaleza egocéntrica, ante la muerte de un padre, por ejemplo, este pequeño se preguntará "¿Qué me ocurrirá a mí?".

El niño se preguntará: "¿Qué me ocurrirá a mí?".

Ante la falta de desarrollo emocional, muchos niños de esta edad, y aun algo mayores, expresan sus emociones a partir de su conducta. No es raro encontrar niños con síntomas como enuresis (hacerse pipí), encopresis (hacerse popó) o pesadillas o angustia de separación de alguno de los padres. Las regresiones a etapas de funcionamiento anterior son una forma de adaptación a una situación nueva que genera angustia.

Un ejemplo de ello puede ser un niño que ya controlaba la orina y ante la muerte de un ser querido empieza a hacerse otra vez. Por difícil que parezca, esto es una respuesta adaptativa de su parte. El chiquito no puede manejar todas las tareas emocionales a la vez: no puede ser grande, aguantar la pipí y digerir la angustia y tristeza causadas por la pérdida de alguien amado. Esa energía emocional que emplearía para hacerle frente a la pipí ahora necesita emplearla para el manejo de sus emociones ante esta nueva y triste situación. Sin embargo, hay buenas noticias: uno no se queda atorado o en una situación de regresión para siempre. Con ayuda de otros, o con la simple maduración, logra obtener mayor capacidad emocional para hacer frente a las tareas que la vida presenta. Si llega ayuda de afuera, el proceso será más corto para el niño.

En el caso de los más pequeños, el rol de los padres es fundamental. Entender que los niños no tienen la misma capacidad de expresar sus emociones como lo hacemos los adultos nos compromete a prestar atención a su conducta. La empatía y la sensibilidad de los padres pueden ayudar a que el chico se desarrolle lo mejor posible a nivel emocional y elabore lo mejor posible sus experiencias de duelo.

A algunos niños pequeños se les habla de la muerte diciendo que la persona "se fue al cielo" o "está con Dios" o "ya está descansando". Si tomamos por un hecho que a esta edad el pensamiento del niño es concreto, lo que va a entender es literalmente eso. No nos sorprenda entonces encontrarlo diciendo que él también quiere ir al cielo o que despierte aquel que estaba descansando.

Por ello, el manejo de lo ocurrido debe ir de acuerdo con la capacidad de pensamiento del niño. Podemos ser concretos y hablar de la muerte como algo definitivo. Otra manera es "aterrizar" las emociones en el niño utilizando su cuerpo. Por ejemplo: "Estoy triste. Cuando me siento triste siento que los ojos se me llenan de lágrimas y siento un dolor en el estómago". El dolor también se siente como un "nudo en la garganta", "un vacío en el pecho" o "una pesadez en el corazón". Describir y construir junto con el niño la forma física del dolor puede llevarlo a entenderlo mejor.

Al hablar con un niño podemos ser concretos y hablar de la muerte como algo definitivo.

Los niños de 6 a 12 años

Estos niños ya han alcanzado un mayor desarrollo de su capacidad cognitiva y su pensamiento poco a poco ha pasado de los concreto a lo abstracto. A estas edades, su capacidad para mirar el mundo aumenta. Su círculo social ya no está formado solo por la casa, los padres y la familia inmediata. Ahora también lo constituyen sus compañeros, amigos y maestros y todo aquel que encuentran en su camino.

En esta etapa son más capaces de darse cuenta de lo que ocurre a su alrededor. Oyen por ahí alguna noticia y escuchan conversaciones entre los adultos. Esto no quiere decir que entiendan todo o que tengan la capacidad de digerir la información que reciben.

En muchas ocasiones, a esta edad, los niños empiezan a preguntar cuál es el significado de la muerte. Tal vez incluso tengan su primera experiencia de muerte con alguna mascota o con un abuelo. Estar ahí para entender el significado de la muerte es importante. En este caso los padres fungen como traductores: "Morir significa dejar de vivir", "morir significa que el cuerpo deja de funcionar". Algunos niños reciben educación religiosa a esta edad y gradualmente comprenden conceptos abstractos como Dios, pecado, alma, vida eterna, entre otros. Si ya cuenta con la capacidad de simbolizar y abstraer, ya pueden incluirse estas ideas al hablar de la muerte con él.

Los niños y adolescentes de 12 a 18 años

En estos chicos las capacidades de simbolización y abstracción ya están logradas. De tal modo, en los casos de muerte saben que esta es definitiva e irreversible. El que puedan entenderlo ahora representa un reto emocional. Digerir lo definitivo e irreversible de la muerte es un proceso sumamente doloroso.

En la adolescencia el chico ya no busca con tanta facilidad el apoyo de sus padres para lidiar con sus experiencias, ya que está en búsqueda de su autonomía e independencia. Las experiencias de muerte lo confrontan con algo que no quiere ver, que es el hecho de que no es invencible. Por

Vivir un duelo en la etapa de la adolescencia puede hacer que el chico se sienta fuera de lugar e inadaptado.

consiguiente, suele buscar consuelo en su grupo de pares. Vivir un duelo en la etapa de la adolescencia puede hacer que el chico se sienta fuera de lugar e inadaptado.

LOS JUEGOS QUE JUEGA LA FAMILIA TRAS UN SUICIDIO

Los juegos que describo a continuación no necesariamente implican una intención. Su objetivo es describir las pautas de interacción que puede desarrollar una familia tras un evento como el suicidio.

- *El chivo expiatorio.* Hablar del chivo expiatorio es hablar de buscar culpables. La idea del chivo expiatorio viene del judaísmo; en esta cultura, en épocas pasadas, se realizaba un ritual en el cual se cargaba a un chivo de culpas y se le soltaba con la intención de que se las llevara consigo. En este caso, jugar al chivo expiatorio es buscar culpables del suicidio. La familia no descansa hasta señalar al culpable y en muchas ocasiones esto llega a destruir familias enteras, al formarse dos o más en coalición contra un tercero. Señalar a un culpable cumple con la función de quedar uno libre de culpas. En este juego no hay ganadores.
- *Guardar un secreto imposible.* Este juego se da cuando la familia pretende guardar la causa de muerte como un secreto. Algunos llegan al extremo de destruir las evidencias, como las notas póstumas e intentar convencer a la policía y a los médicos de que la causa de muerte fue otra. Su intención es evitar el doloroso estigma.

   Pero, ya mencionamos que los secretos no tardan en salir a la luz. Si este es el juego que la familia jugó tras un suicidio, podría quedar aislada y doblemente estigmatizada, ya no solo por el suicidio mismo sino también por el engaño.

- *El mito de la supervivencia.* Este juego se parece al del secreto con la diferencia de que en este, la familia se resiste a creer que la muerte se debió a un suicidio. Mantiene la idea de que su ser querido murió por accidente o como resultado de un asesinato.

  La negación es el ingrediente perfecto para este juego, en el cual los familiares incluso se niegan a mencionar la palabra suicidio ni nada que implique autodestrucción.

- *Cerrar filas.* Parecido a los dos anteriores en que el contexto se vive como amenazante. En este caso, la familia como grupo se aísla socialmente con el fin de protegerse del estigma. En este juego la familia se salva de culparse unos a otros y sus miembros resultan beneficiados ya que logran mantenerse unidos.

  Sin embargo, el aspecto negativo es el aislamiento y la distancia que genera con otros. Convertir a los demás en los "enemigos" genera un fuerte sentimiento de soledad.

- *El rey (o reina) de la montaña.* Este caso suele darse cuando el que se suicida es quien tiene mayor poder o jerarquía en el ámbito familiar. Por consiguiente, su muerte deja un espacio que deberá llenar aquel que sea más competente, capaz o, probablemente, el indicado. Tal vez se establezca una lucha de poder por ver quién asciende al puesto del difunto. Con frecuencia se suscitan conflictos por el resentimiento de quedar con la responsabilidad de dirigir a una familia o un negocio. En este juego habrá quienes crean haber salido mejor librados de la situación que otros.

- *La conspiración del silencio.* En este juego nadie se habla, nadie se comunica. Cada miembro de la familia vive su propio proceso de duelo y lo hace de forma individual y aislada. La comunicación no verbal comunica el deseo de no ser molestados. El aislamiento impide que los miembros de la familia se apoyen y trabajen de forma cooperadora para sanar. Por otra parte, el silencio los salva de cargarse culpas mutuamente y de dañar a otros con sus expresiones de dolor o enojo.

- *¿Quién lo quiso más?* Los miembros de la familia pueden, sin darse cuenta, entrar en competencia por ver quién amó al fallecido más, o quién fue el más amado. En este juego también aparecen preguntas o afirmaciones referentes a quién sufrió más la pérdida. Para ello, amor y sufrimiento son entendidos como sinónimo: "Cómo yo lo quise más, yo estoy sufriendo más".

- *Vamos a doler por siempre.* En este juego hay un acuerdo implícito de guardar luto por un tiempo indefinido. El dolor se levanta como bandera y, de nuevo, el dolor o sufrimiento aparecen como un acto de amor. Si no hay sufrimiento, no hay amor, y si se deja de sufrir, se olvida al ser querido. La pareja sobreviviente puede decidir nunca volver a formar otra pareja. El duelo prolongado se vive como una forma de penitencia para expiar las culpas por el suicidio.

- *Idealizar o condenar.* En este caso, idealizar o condenar se refiere a la imagen que prevalece del suicida. En ocasiones se le idealiza y todo lo que él era o hacía se vive como idóneo. Se olvidan los defectos o las partes complicadas de la relación. Por otro lado, si se juega el juego opuesto de condenar, todo lo que representa el suicida, y el acto en sí, se experimentan como malos y reprobables. Algunas ideas que se utilizan aquí son la cobardía mostrada, lo diabólico del acto, el abandono que representa, el pecado cometido, entre otras.

  La familia se salva del daño causado por este juego cuando logra integrar las partes buenas y los defectos del ser querido, cuando consigue amarlo por lo que en realidad era, cuando ve al suicidio como una desafortunada decisión de la persona, pese al amor que compartían.

- *Huye mientras puedas.* La evitación es la herramienta principal de este juego familiar. La familia se muda de ciudad o de casa con la intención de no vivir la secuela del suicidio. Esto ocurre aún con más frecuencia si el suicidio sucedió en el hogar. La imagen del acontecimiento se impregna en las paredes, los sobrevivientes creen sentir, oír y ver al fallecido. Pretenden huir de las imágenes mentales y de la intensidad de la pérdida generando un cambio, el cual a veces se hace en forma más impulsiva que reflexiva. No se evalúa todo lo que se pierde con la decisión. Un cambio también conlleva una pérdida, significa perder los recuerdos, dolorosos pero también amorosos, así como la seguridad de lo conocido. Si se huye a un sitio más alejado del trabajo y la escuela de los niños, esto representa otro ajuste.

L LECTURAS SUGERIDAS PARA ESTE CAPÍTULO

Cyrulnik, B. (2014). *Cuando un niño se da "muerte"*. Barcelona: Gedisa.
O'Connor, N. (2007). *Déjalos ir con amor,* Ciudad de México: Trillas.

Cuentos para niños:
Mills, J. (2008). *Mi amigo el sauce.* Buenos Aires: Editorial Sana colita de rana.
Mundy, L. y Fitzgerald, A. (2013). *Nos ponemos tristes cuando alguien muere. Un libro sobre el dolor.* Ciudad de México: Ediciones Dabar.

G GLOSARIO

FUNCIONAMIENTO O DINÁMICA FAMILIAR. Conjunto de relaciones interpersonales que se generan en el interior de cada familia.

CONGRUENCIA. Relación coherente entre varias ideas. Pensar, sentir y hacer de una manera lógica y con un mismo sentido.

CONCIENTIZAR. Hacer tomar conciencia de un asunto determinado.

COGNOSCITIVO. Referente al desarrollo del pensamiento y del conocimiento.

EXPERIENCIA COMPARTIDA: AMANDA

La tormenta perfecta

Amanda narra la experiencia que vivió hace cuatro años cuando su primo Darío se suicidó. Para Amanda fue especialmente difícil este proceso pues tenía mes y medio de embarazo y Darío representaba para ella más que un primo, un hermano. Sus familias eran muy unidas y Amanda recuerda haber crecido rodeada de sus primos y tíos.

Darío era el más chico de tres hermanos y sus padres vivieron un difícil divorcio cuando el niño era pequeño. Después de esta separación Darío y sus hermanos se quedaron a vivir con el padre.

Amanda lo recuerda como un chico divertido, optimista y fiestero, muy sensible, buen amigo y buen hijo. Darío vivía con intensidad y llevaba una vida normal.

> *Un día sentí una opresión fuerte en el pecho y se lo comenté a Martín, mi esposo. "Mi familia ha tenido la fortuna de tener una vida tranquila, de ser unida. No hemos experimentado tragedia ni experiencias fuertes. Tengo miedo de que esto signifique que algo terrible pueda pasarnos", le dije. Martín me pidió que alejara esa idea de mi mente, en especial en ese momento que esperaban un bebé.*

Ese mismo día llegó la noticia de la muerte de Darío. La madre de Amanda le llamó y pidió hablar con Martín. Amanda supo que algo no andaba bien y tuvo que interrogar a su esposo. Martín fue evasivo y breve en sus respuestas.

"¿Qué sucedió? ¿Es mi papá? ¿Quién murió?", le preguntaba.
Finalmente llegó la respuesta inevitable. Darío se había suicidado.

Amanda sintió la urgente necesidad de reunirse con su familia, pese a la insistencia de algunos de no hacerlo por temor al impacto que esto tendría sobre su embarazo. Aun así, lo hizo.

La escena era terrible. El padre de Darío deambulaba como si se hubiera quedado sin alma. Se vivía una sensación de conmoción familiar. La policía ya había llegado y la zona estaba acordonada. Todos se abrazaban.

Amanda sintió que gritaba desde adentro y tenía temor de transmitir la intensidad de lo que estaba viviendo a su bebé. Quería llorar, pero no podía o sentía que no debía.

Llevaron a cabo los ritos fúnebres con mucho dolor. Uno de sus tíos sintió necesidad de proteger a la familia y a muchos se les dijo que Darío había sufrido un infarto.

Yo me preguntaba "¿Qué culpa tuve yo? ¿Cómo no me di cuenta?".

Sintió la necesidad de encontrar respuestas y recordó la última ocasión en que lo vio, un par de semanas antes. Darío habló de sus planes a futuro y de arrancar un nuevo proyecto. Solo se enteró de que tuvo una desilusión amorosa.

Su búsqueda de respuestas fue ardua e intentó reconstruir los hechos. Darío salió ese día de fiesta, volvió a casa y, encontrándose solo, se ahorcó con un cinturón. Su hermano lo encontró la mañana siguiente, ya sin posibilidad de hacer algo para salvarlo.

Siento que no pude llorarlo ni vivir su duelo en su momento por el embarazo y por otras cosas que ocurrieron después. Tengo este duelo como un tema pendiente a tratar y he empezado a trabajarlo un poco.

Llegué a sentirme muy enojada con quienes de una u otra manera tuvieron que ver en lastimar a Darío y con los que, insensibles al dolor que sufría, se erigían como jueces.

Amanda y su familia se han mantenido muy unidos a pesar de esta tragedia. Según ella, lo ocurrido fue como un fracaso dentro del clan familiar. Todos se sintieron culpables. Un tío explica y entiende el suicidio de Darío como resultado de "la tormenta perfecta" en donde una serie de variables se reunieron para dar como resultado su muerte.

Hoy día Amanda lo recuerda constantemente. En ocasiones habla con él. Me muestra una fotografía que guarda de su primo en su celular. La familia de Amanda tiene la costumbre de poner lugares en la mesa de Navidad para quienes ya no están y siempre hay uno para Darío.

R REFLEXIONES

La experiencia de Amanda nos muestra que la familia, al mantenerse unida, puede hacer frente de forma más saludable a una pérdida de este tipo. Una buena estructura familiar contiene a sus miembros frente al dolor y les permite navegar a través de él.

En el caso de Amanda, el hecho de haberse abierto el tema del suicidio no aminoró el dolor de la pérdida. Sin embargo, permitió que se viviera el proceso del duelo desde esta verdad, hasta el punto de entenderla como resultante de una "tormenta perfecta", como dice el tío de Amanda. Con ello, logran ser empáticos y sensibles y dar un nuevo significado a la experiencia del suicidio de Darío.

EXPERIENCIA COMPARTIDA: IRENE

Los secretos familiares

Irene me comparte su experiencia de perder a un primo hermano hace ya varios años, lo cual todavía tiene presente como una experiencia muy fuerte y de un gran dolor en su vida.

Horacio e Irene, más que primos, se consideraban hermanos. La relación era muy cercana. Las familias pasaban mucho tiempo juntas. Irene cree haber visto señales previas en Horacio, quien vivió el suicidio de su madre cuando era más joven: cambios en su conducta, aislamiento y negativa a verla. Además, atravesaba una mala racha laboral.

La noticia de que Horacio se había matado dándose un tiro con una pistola fue terrible. Sentí mucho coraje principalmente contra él. El coraje por no haberle hecho frente a su situación de vida y por el daño que le causaba a sus hijos con su muerte. ¿Cómo pudo no pensar en ellos antes que en él?

El suicidio de Horacio cambió la imagen que Irene tenía de él. Se dio cuenta de que pasaban muchas cosas con su primo que ella desconocía, pese a lo cercano de su relación. En la experiencia tanto de la madre de Horacio como de él mismo, Irene ve un patrón de conducta consistente en no hacerse cargo ni de la vida, ni de sus emociones.

Tuve que hablar con mis hijos de lo que había ocurrido pues a ellos también los asombró. Sentí la necesidad de ayudar a los hijos de mi primo a lo largo de su proceso, pero esto lo complicaba la relación con su esposa.

Junto con el suicidio de Horacio salieron a la luz algunos secretos de familia, lo que se convierte en un obstáculo para llevar adelante el duelo. Las diferentes formas de dolor y lo que el suicidio alcanza a comunicar de las dinámicas de familia terminan por dividirla.

Irene decidió cerrar filas y dedicarse a su familia, su esposo y sus hijos, como una manera de protegerlos de la situación que desencadenó este trágico evento.

R REFLEXIONES

La relación que establecemos con otro no depende nada más del rol social que desempeña. Una relación con un primo, como en el caso de Irene, puede representarse y vivirse más como una relación de hermanos.

En esta experiencia observamos que los suicidios son actos que comunican situaciones, historias y experiencias. Con el suicidio de Horacio se revelaron secretos familiares que necesitaron de su propio tiempo y proceso de entendimiento.

Aquí encontramos también que, cuando las experiencias de vida no se trabajan o elaboran, aceptándolas en forma consciente, tienden a repetirse. El suicidio de la madre del primo de Irene deja una huella en este, que lo impulsa a repetir la experiencia no elaborada.

Capítulo 5

Cómo sanar tras un suicidio

Pero, a medida que ha crecido, su sonrisa se ha ensanchado con un
dejo de temor y su mirada ha adquirido profundidad.
Ahora está consciente de las pérdidas que sufrimos
únicamente por vivir, conoce el tributo extraordinario
que debemos pagar mientras permanezcamos aquí.

Annie Dillard

El proceso de sanar tras una pérdida no es tarea fácil, mucho menos cuando se trata de una pérdida por suicidio. Los suicidios marcan y cimbran cualquier estructura emocional. Ponen a prueba todos nuestros recursos y nuestras capacidades emocionales.

Un suicidio tiene las características de una muerte repentina: el factor sorpresa y la falta de anticipación y preparación para verlo venir. Con un suicidio se quedan temas pendientes, no hay despedidas, quedan círculos sin cerrar.

Un suicidio tiene las características de una muerte violenta. Después de todo, ¿qué hay más violento que ser ejecutor de la propia muerte sin tomar en cuenta el dolor emocional de nuestros seres cercanos y otros que nos rodean? El suicidio es violento, tanto para quien lo ejecuta como para quienes viven el duelo.

Parte de la violencia del acto suicida es dejar al deudo cargado de una enorme culpa y un estigma social, que sigue prevaleciendo en muchos entornos.

Y, aun así, aquí me encuentro dedicando un capítulo de este libro al trabajo de posvención, al trabajo con el deudo después de un suceso de esta naturaleza. ¿Por qué? Porque sí se puede sanar tras la pérdida que representa una muerte por suicidio.

> El proceso de sanar tras una pérdida no es tarea fácil, mucho menos cuando se trata de una pérdida por suicidio.

A continuación presentaré 20 sugerencias para afrontar y superar una pérdida de estas proporciones.

Deja que el duelo dure el tiempo que necesita durar

Hay muchas y diversas ayudas externas a las que puedes recurrir para encontrar ayuda para sanar.

Las heridas físicas requieren un tiempo para sanar. Primero secan, luego cicatrizan y más adelante, con el paso de los meses e incluso de los años, la cicatriz se va borrando. En ocasiones necesitamos una intervención externa para ayudar al proceso de sanar las heridas físicas. Limpiar, desinfectar, cubrir, entre otras, son algunas tareas que realizamos. En ocasiones, cuando el dolor es intenso, recurrimos a otra persona para que nos ayude a curar la herida.

Lo mismo sucede con las heridas emocionales y con las causadas por una pérdida. De su intensidad o gravedad dependerá la intervención requerida y la duración de la sanación. El duelo dura el tiempo que necesita durar, ni más ni menos.

Hay muchas y diversas ayudas externas a las que puedes recurrir para encontrar ayuda para sanar, todas válidas según el caso. Desde una terapia psicológica, hasta una medicación o una guía espiritual.

Cada uno de nosotros conocemos, de acuerdo con nuestra forma de vivir, qué es lo que más funciona en nuestro caso para sanar en una etapa de cambio o de dolor. Habrá quien se vuelque en el trabajo o en un deporte. O quien recurra a su fe o a sus amistades. Algunos buscarán en la medicina tradicional un antidepresivo o un ansiolítico, y otros se volverán hacia las terapias alternativas, como las flores de Bach o una terapia de biomagnetismo. No es tanto lo que hagas, sino el deseo que tengas de sanar y estar mejor.

Y sí, aunque no lo creas, algunas, o muchas, cosas podrán facilitar el hecho de sobrepasar un trago tan amargo.

TOMA EN CUENTA: AUNQUE CON DOLOR, LA VIDA SIGUE

Por doloroso que parezca lo ocurrido, la vida no para su andar. No espera a que sanes para seguir adelante. Las tareas diarias siguen ahí: los hijos, el trabajo, las responsabilidades, el autocuidado y así sucesivamente.

Al principio quizá no lo creas, pero seguir con el curso de la vida te mantendrá a flote. Te obliga a levantarte, a arreglarte, a alimentarte… Cuando estas tareas se ven como retos casi imposibles de cumplir, es imprescindible buscar ayuda profesional.

La dificultad para lograr un funcionamiento adecuado puede ser un síntoma serio de un estado emocional alterado por la pérdida. Es fundamental seguir funcionando, pues es eso lo que en su momento nos sacará adelante.

> *Es fundamental seguir funcionando, pues es eso lo que en su momento nos sacará adelante.*

Recuerdo a una mujer de unos 35 años de edad que perdió a su madre por enfermedad. Estaba sumida en una terrible depresión que no le permitía cuidar de sus hijas pequeñas y que apenas le permitía levantarse en las mañanas y presentarse a su trabajo como educadora, el cual realizaba con muy poco entusiasmo y mucha ansiedad. Recibir medicación fue una herramienta muy útil para ella porque encontró una vía para retomar su vida.

Ante el dolor podrías tomar el camino equivocado y no realizar las funciones básicas de vivir, por ejemplo, asearte o dormir, ya no digamos nutrirte o por lo menos ingerir alimentos. Si alguna de estas tareas llega a parecerte difícil de cumplir, lo más conveniente es tomar conciencia de que no puedes lidiar con el duelo solo y necesitas recurrir a ayuda externa.

Una persona que no duerme se muestra irritable y es propensa a sufrir accidentes. Una persona que no se alimenta corre el riesgo de enfermar. Así inician los procesos de deterioro y problemas de salud que antes no existían. En esos momentos conviene ayudarnos con remedios naturales, por ejemplo, tés, baños de agua caliente, suplementos alimenticios y otros remedios.

De hecho, hoy en día hay un sinfín de tratamientos y terapias que pueden ser muy valiosos, como la acupuntura, la aromaterapia y las mencionadas flores de Bach, por mencionar algunos.

Poco a poco aparecerán tareas más complejas, como trabajar y cuidar de otros. Entonces tendrás que afrontarlas y esforzarte para lograr llevarlas a cabo.

Compartir el dolor y narrar nuestras historias nos permite sanar.

NO ESTÁS SOLO, PUEDES BUSCAR AYUDA

Compartir el dolor y narrar nuestras historias nos permite sanar. Al hablar con otros de nuestras pérdidas, nos sentimos acompañados.

En el caso particular de las muertes por suicidio, el tema se habla muy poco y hay un temor enorme al estigma social, temor que puede aislarnos y provocar que nos sintamos solos. Creo que más de uno hemos vivido la experiencia de un suicidio cercano o lejano. Hablar de esto contribuye a romper con la sensación de aislamiento que acompaña a este tipo de duelo.

En mi experiencia personal y profesional, he desarrollado la idea de que los monstruos son más temibles en la oscuridad. Con ello quiero decir que no hablar de lo que genera en nosotros vergüenza o dolor, potencializa en gran medida la intensidad de estos sentimientos.

Muchos en estas circunstancias piensan que nadie puede entender el dolor por el que están pasando, pero, en realidad, las personas no andan por la calle mostrando su dolor.

El dolor es inherente a la vida y, de una u otra manera, todos hemos sufrido en algún momento por el solo hecho de vivir.

Si te abres de corazón a compartir tus experiencias de dolor, te conectarás en forma íntima y cercana con los demás.

De esta experiencia de dolor que vives ahora puedes salir con el enriquecimiento de haber profundizado en tus relaciones con otros.

Compartir tu experiencia implica valor y al hacerlo podrás establecer la distancia emocional necesaria que te permite decir:

Esto me sucedió, pero no fue mi culpa,
y no define quién soy.

Un espacio ideal para compartir tu experiencia puede ser el de un grupo de apoyo, en el que te rodees de personas que han vivido algo similar a ti; sin embargo, estos grupos no son muy frecuentes en nuestro país.

He escuchado a personas en duelo por suicidio decir que les es más fácil compartir su experiencia con personas a quienes no conocen, ya que sienten que no los juzgarán tan severamente. En efecto, algunas veces en un duelo de este tipo puede ser complicado compartir lo que sentimos con la familia, porque recordemos que cada uno vive un duelo que es muy personal y que no siempre se coincide en los sentimientos.

Puede ser difícil compartir lo que sentimos con la familia.

Pedir ayuda profesional no sólo es válido, también es importante. Mencionamos ya que esto puede ayudar a mantener el funcionamiento de la vida cotidiana a lo largo del proceso de duelo.

La medicación puede ser de gran utilidad para disminuir síntomas de ansiedad como el insomnio, así como para ayudar a modular la intensidad de las emociones emanadas de la pérdida (tristeza, enojo, frustración) y con ello hacerlas más llevaderas.

Dale un sentido a la muerte

Si dejas por un momento de lado la pregunta "¿Por qué a
mí?" y asumes esta experiencia como parte de las muchas
que te tocará vivir, todo será mucho menos duro. No es
posible negociar con la vida, ni tampoco volver el tiempo
atrás. Pero sí puedes decidir el camino que recorrerás en lo
que te resta de ella.

Darle un sentido a la pérdida es honrar el recuerdo de la
persona perdida. Es permitir que su muerte no sea en vano.
Es fortalecerte, crecer y sensibilizarte en tu humanidad. Así,
tal vez podrías responder la desgarradora pregunta "¿Por
qué a mí?" con un:

*Porque tú eres la persona capaz de generar un cambio y
de dar sentido a esto tan inexplicable.*

Yo soy una fiel creyente de que las cosas suceden por algo.
Tal vez para ti este no sea el momento de escuchar esto; tal
vez el tiempo te lo haga ver o quizá no. Pero entenderlo así
es confiar en la vida misma y en lo que cada uno de nosotros vino a aprender. Aprender de las cosas duras de la vida
nos hace mejores seres humanos. Cambia nuestras relaciones, intensifica nuestras emociones y fortalece nuestra alma
y nuestro espíritu. Espero que contigo eso precisamente sea
lo que ocurra.

El psicólogo David Richo habla de manera clara al respecto al señalar que en la vida hay cinco cosas que invaria-
blemente suceden:

1. Todo cambia y todo termina.
2. Las cosas no ocurren siempre de acuerdo con nuestros planes.
3. La vida no siempre es justa.
4. El dolor es parte de vivir.
5. Las personas no son amorosas y leales todo el tiempo.

Esto significa que es una condición humana intentar controlar todo lo que nos ocurre en la vida, con la intención de evitar el sufrimiento en la mayor medida posible. Todos lo hacemos, todos lo intentamos. Y, aun así, la vida nos da una y otra vez la lección de que nada está escrito y no somos autores completos de nuestro destino.

Aceptar que *todo cambia y todo termina*, te lleva a ejercitar, por un lado, la flexibilidad y, por otro, la capacidad de soltar y dejar. Al aceptar los cambios se te abrirá la posibilidad de renovarte.

Reconocer que *las cosas no siempre ocurren de acuerdo con nuestros planes* implica un ejercicio de humildad y de confianza en que todo en la vida sucede para que aprendamos algo y crezcamos como seres humanos.

Saber que *la vida no siempre es justa* es aceptarle a esta las partes oscuras que nos muestra para poder ver una luz nueva. Nada ocurre que no tenga una intención o aporte un aprendizaje mayor. Es natural que sientas miedo cuando vives una injusticia; sin embargo, puedes soltarlo al universo y aceptar lo que no está en tus manos controlar y esperar a encontrar un significado de lo sucedido.

En efecto, *el dolor es parte de vivir* y nos aterroriza sufrir pensando que el dolor aniquila, mata y estremece. Como si el dolor nos robara toda posibilidad de ser felices. Yo he tenido pérdidas y momentos de mucho dolor en mi vida. He sentido, como lo dije en la introducción del libro, dolores que parecen insoportables y mortales. Y, después de superarlos, me he sentido más viva y más agradecida que nunca. Los dolores cimbran, pero este cimbrar también puede ser un movimiento que refuerce la estructura de cada uno. Todo está en que aguantemos el dolor, seamos proactivos en él y confiemos lo suficiente en que pasará, y nos convertiremos en seres humanos mejores y más humildes.

Por último, saber que *las personas no son amorosas y leales todo el tiempo* nos lleva a poner en práctica la idea del amor incondicional. ¿Podemos querer a alguien que nos ha fallado y nos ha lastimado? Amar incondicionalmente

Saber que la vida no siempre es justa es aceptarle a esta las partes oscuras que nos muestra para poder ver una luz nueva.

El enojo es
una condi-
ción humana;
permitirnos
digerirlo y
sanarlo es una
condición de
trascendencia
espiritual.

~

es un regalo que nos damos a nosotros mismos primero y luego al otro. Con ello garantizamos que en nuestras almas y nuestros corazones no habita el rencor. Esta tarea no es sencilla y en el caso del suicidio de un ser querido podría parecer impensable o imposible. "Nos hizo daño", "nos abandonó", podemos pensar. El enojo es una condición humana; permitirnos digerirlo y sanarlo es una condición de trascendencia espiritual.

DALE UN NUEVO SIGNIFICADO AL CONCEPTO DE MUERTE

Tal vez tú, como yo hace un tiempo, entiendas la muerte como el fin de la vida. La persona a la que amabas ya no está más aquí. Pensar que solo existimos si somos vistos es una idea muy generalizada.

Cuando somos pequeños, no ver a mamá es señal de que mamá no existe. La angustia de la separación toma sus primeros matices. El niño se angustia si no ve a la madre; no comprende todavía que, aunque no la vea, mamá sigue existiendo. Poco a poco madura y entiende que mamá existe aunque no la vea. La ansiedad desaparece gradualmente y la idea de que la madre existe aunque no la vea se consolida.

Esta idea la podemos llevar al campo de la muerte y el duelo. Otro estudioso señala que está claro que la persona amada ya no está más aquí físicamente, pero vive en nuestro mundo emocional. Vive en nuestros recuerdos, en nuestros sueños. Si pensamos incluso en establecer una conversación con el ser querido, podríamos saber qué nos diría.

Sobreponernos a un duelo no significa olvidar y dejar ir por completo al ser querido. Se ha propuesto que conviene reintegrarlo a nuestra vida y permitirle seguir vivo en nuestra memoria y en nuestros corazones.

Esto no tendría que ser síntoma de una negativa a avanzar en el proceso de duelo; más bien, podría entenderse como parte del trabajo de elaboración del duelo.

Creo que muchos estudiosos del tema de la muerte, como psicólogos —entre los que me cuento— y tanatólogos, hemos entendido el proceso de duelo en forma equivocada.

Cuando empecé a estudiar el tema, los primeros libros que revisé fueron los de Elisabeth Kübler-Ross. Esta gran especialista señala que la última etapa del proceso de duelo es la aceptación. Si entendimos ya esta etapa como aquella cuyo objetivo es aceptar la muerte y dejar ir a la persona fallecida, tal vez en nuestra práctica profesional hemos llegado a impulsar a las personas a soltar a sus seres queridos.

¡Por supuesto que esto genera resistencia en quienes buscan nuestra asesoría! Nadie, creo yo, quiere dejar ir a un ser a quien ama.

La idea de poder conservar al ser querido pese a la muerte es, no solo brillante, sino reconfortante y saludable. En los últimos años, inspirada por un artículo al respecto, me he permitido empezar a aplicar esta idea con algunos pacientes en proceso de duelo y he atestiguado su efecto reconfortante.

Hemos podido reencontrar al ser querido en conversaciones, en ideas, en recuerdos. Me han compartido fotografías, experiencias y sueños en los cuales se encuentran. He visto que su dolor ante la pérdida física se aminora y acaba por sanar.

Algunas cosas que podemos hacer pensando en esto son, por ejemplo, formar un pequeño altar en casa o preparar un álbum con fotografías que nos recuerden momentos que fueron importantes en nuestra relación con el ser querido. También podemos escribirle cartas e imaginar su respuesta.

> La idea de poder conservar al ser querido pese a la muerte es no solo brillante, sino reconfortante y saludable.

Hace unos días recibí a una chiquita de 10 años en consulta. Su mamá murió hace unos meses de forma repentina por un infarto cardiaco. La chiquita llega a su cita y me dice que la razón por la que está ahí es porque perdió a su mamá.

Utilizando el lenguaje que ella me ofrece, intento construir con ella una nueva realidad y le digo:"¿Cómo que la perdiste? No entiendo. Mira… perder es esto… (y le muestro un lápiz que escondo bajo la mesa)". "Si la perdiste, eso quiere decir que la podemos encontrar (y saco el lápiz de nuevo)"."¿En donde encuentras a tu mamá?".

A partir de este cambio de narrativa construimos toda una conversación que la lleva a contarme que en sueños la ha visto y ha sentido sus abrazos. Ampliamos esta nueva narrativa planeando cosas que la acerquen a encontrar de nuevo a su mamá. Leemos el cuento "Siempre juntos", que presento como anexo de este libro. Esta chiquita duerme con una camiseta de su mamá, cosa que identificamos como algo que la acerca a ella.

En una segunda sesión hacemos una cajita con material diverso para que ponga en ella todo lo que quiera que la acerque a su mamá. Puede escribirle cartas, compartir fotografías y más.

En otra sesión, muy triste, me habla de cosas que le suceden en la escuela y pensamos en qué haría la mamá si estuviera con ella. Definimos un plan de acción de acuerdo con las pautas que seguiría la madre.

"No ha muerto su recuerdo."

Ofrecerle a esta niña, como a muchas otras personas, la posibilidad de reconectarse con su ser querido es definitivamente terapéutico y rescatador.

Aunque la persona querida ha muerto, no ha muerto su recuerdo, el sentido de presencia de la persona; ni tampoco ha muerto la posibilidad de regocijarse, al cabo de algún tiempo, no solo con los recuerdos del pasado, sino con la participación del espíritu de la persona en nuestras vidas que siguen adelante.
M. Whitemore (2013).

Una mujer de unos 45 años acude a una sesión conmigo referida por una psiquiatra amiga mía, quien la recibió primero. Acude a ella por un zumbido en el oído y que médicamente no parece tener remedio. Se encuentra muy ansiosa y deprimida, y le platica a la psiquiatra que, además, perdió a uno de sus hijos año y medio antes y sentía que aún no se reponía de ello. El joven murió en un accidente automovilístico.

Ella me platica que días antes de su muerte planeaban hacer una serie de recorridos en el corto plazo como una manera de disfrutar más la vida. Hablamos de que parece que su hijo quiso dejarle un "mapa para ser feliz" y una serie de lugares en donde poder encontrarse nuevamente.

Ella parece interesada en esta nueva narrativa. Asimismo, me transmite un sueño reciente en el que pudo abrazar a su hijo de una forma muy vívida. Este sueño fue un regalo para ella.

No ha sido raro para mí escuchar a las personas en duelo contarme experiencias que a algunos les parecerían extrañas, como esto de tener sueños con su ser querido. ¿Verdad o fantasía?, qué más da. Pero para la persona en cuestión estos sueños son sanadores. Yo he tenido este tipo de experiencias en lo personal y las he agradecido. Para mí han sido experiencias espirituales en el proceso de sanar que considero importantes y ricas.

Las lágrimas poseen un poder curativo y desintoxicante a nivel químico.

PERMÍTETE LLORAR

El llanto es, quizá, la medida de alivio más humana y más universal.

En un estudio que se realizó en la Universidad de Minnesota en Estados Unidos sobre las lágrimas, se encontró que las lágrimas que lloramos en estados de dolor emocional o estrés contienen sustancias diferentes de las que derramamos, por ejemplo, al cortar una cebolla. Llorar en estados de estrés o dolor nos permite liberar las toxinas que el cuerpo produce al estar en esos estados alterados. De tal forma, las lágrimas poseen un poder curativo y desintoxicante a nivel químico.

Además, llorar relaja y libera. Nos conecta con otros y permite que otros se acerquen con cuidado a acompañarnos. Llorar es un don del ser humano y es una capacidad que nos han enseñado a bloquear por ciertas creencias y mitos sociales. Para las mujeres es más sencillo y aceptable llorar que para los hombres, pero aun así, ambos sexos pueden verse muy beneficiados con ello.

> Llorar equivale a ser consolados. Jesús... lo que nos prometió es que los que tengan el valor de llorar, encontrarán tras el llanto una bendición inesperada: encontrarán que, después de haber expresado la tristeza, después de haber dado al dolor salida al aire que lo acoge, será como si un amor que reside en el corazón de la vida abrazara al que está en duelo y le dijera: "Ya, ya... estoy contigo, te escucho, te entiendo. Todo va a salir bien".
>
> *M. Whitemore* (2013).

El proceso de duelo no es lineal ni ordenado.

DA DOS PASOS PARA ADELANTE Y UNO PARA ATRÁS

El proceso de duelo no es lineal ni ordenado en etapas por seguir. Ya lo decía Kübler-Ross al hablar de sus etapas. La descripción de estas ofrece una explicación meramente teórica de un proceso emocional y vivencial. Es una guía que ofrece un entendimiento del proceso de duelo. Es meramente descriptiva.

La experiencia subjetiva del duelo es algo más complejo y personal. Sin embargo, la inercia de la vida es seguir adelante.

Los días pasarán y el tiempo irá sanando el dolor, aunque, por momentos o ante ciertas circunstancias, habrá pequeños retrocesos. Tal vez una nueva pérdida nos cimbre. O vivir un aniversario del fallecimiento, o encontrar un objeto que nos recuerde al ser querido.

Si hacemos la matemática de "dos pasos para adelante y uno para atrás", siempre estaremos un paso adelante en la evolución de la recuperación, aunque esto se deba simplemente a que el tiempo avanza y la vida sigue.

Poco a poco, la energía emocional depositada en el otro volverá a nosotros y quedará libre para entregarla a otra relación o, incluso, para conservarla.

No, el amor por el otro no se pierde, pero la energía se libera y puede reutilizarse y recanalizarse.

Solo queda dar un paso a la vez. Solo por hoy, día por día. Si vemos la tarea por venir y nos preocupamos por el pasado, por nuestro presente y por el futuro incierto que aún no llega, estaremos rebasados y abrumados.

Los rituales nos permiten generar nuevos significados y trabajar con nuestras creencias.

> Mira dónde pones los pies, como el viajero prudente,
> sin quedarte mirando aquella montaña o aquel río
> que se ve a los lejos diciéndote
> "¿cómo los cruzaré?";
> sigue atento a ese palmo pequeño que tienes ante ti,
> y sálvalo en el breve momento que le corresponde.
> La montaña y el río solo podrás atravesarlos
> de ese mismo modo; y cuando llegues a ellos,
> llegarás a la luz y a la fuerza que les corresponde.
> *M.A. Kelty*

RECUERDA: LOS RITUALES SON SANADORES

En la actualidad, un sinfín de documentos en el campo de la terapia familiar hablan de la importancia de los rituales.

Los rituales nos permiten generar nuevos significados y trabajar con nuestras creencias.

> Los rituales puntean la vida,
> marcando públicamente
> momentos de transiciones
> significativas para los miembros
> de una comunidad.
> *Robert Neimeyer*

Los rituales aparecen en las diferentes etapas de la vida, marcando especialmente la transición entre una y otra. Ejemplos de los rituales que hacemos los seres humanos en la vida son el bautismo, el matrimonio, el funeral y el velorio, por mencionar algunos.

Los rituales tienen un matiz personal y, a la vez, una carga social o religiosa. Cambian de sociedad en sociedad y varían en el tiempo.

Los seres humanos hemos creado innumerables rituales alrededor de la muerte que nos ayudan a sobrellevar la triste tarea de afrontarla.

> Los rituales relacionados con el proceso de duelo
> son instrumentos culturales que preservan el orden social
> y permiten comprender algunos de los aspectos más
> complejos de la existencia humana…
> dan estructura a nuestro caos emocional,
> establecen un orden simbólico para los acontecimientos
> vitales y permiten la construcción social
> de significados compartidos.
> *Robert Neimeyer*

▶ En México, como en otros países, el velorio y los rosarios o misas posteriores (o novenarios) son rituales desarrollados para estar acompañados en esos momentos difíciles, y que se convierten en espacios para hablar, compartir y digerir la amarga experiencia de la pérdida.

Cada uno de nosotros puede desarrollar sus propios rituales durante el proceso de duelo y a lo largo de la vida para recordar al ser querido.

ADÁPTATE AL CAMBIO

La experiencia de perder a un ser querido implica un cambio en nuestra vida, sobre todo si se trata de alguien muy cercano.

La capacidad de adaptación y la flexibilidad son ingredientes necesarios para sobrellevar la triste experiencia y superarla. Asumir nuevos roles, nuevas funciones, puede no ser fácil en un principio. Se necesitarán práctica y tiempo para realizarlo. Y aquí también se vale pedir ayuda…

Como mencionamos en otro capítulo, los cambios son parte de la vida, la cual nos recuerda la impermanencia y el movimiento que enfrentamos por el solo hecho de vivir.

> La experiencia de perder a un ser querido implica un cambio en nuestra vida. ∼

Una muy querida amiga me compartía la idea de que sufriríamos menos si fuésemos como el agua y tomáramos la forma del contenedor que nos contenga. Este ejemplo nos habla claramente del valor y de la importancia de flexibilizarnos y adaptarnos a lo que la vida nos reparte.

El cambio no solo es externo, influye también en nuestras creencias:

> La pérdida a causa de una muerte puede cuestionar los valores fundamentales de la vida de cada uno y sus creencias filosóficas, creencias influidas por nuestras familias, nuestros pares, la educación y la religión, así como por las experiencias vitales.
>
> No es extraño sentir que se ha perdido la dirección. La persona busca significado y su vida cambia para darle sentido a esta pérdida y para recuperar cierto control.
>
> *Robert Neimeyer*

CUIDA TU CUERPO Y LOS SÍNTOMAS PSICOSOMÁTICOS

En psicología se conoce la relación intrínseca entre el cuerpo y las emociones. En ocasiones, incluso, el cuerpo expresa emociones que no han pasado por la razón. Así, el cuerpo ha desarrollado la capacidad de comunicar lo que no pasa por la razón o por lo verbal.

El ejercicio y la respiración tienen un efecto positivo sobre el cuerpo y, por tanto, sobre las emociones.

En el proceso de duelo es importante detenerse a escuchar lo que el cuerpo comunica. ¿Qué me dice el insomnio de dónde estoy en el proceso?, por ejemplo. Los síntomas físicos pueden ser muy variados: dolores de cabeza, ganas de vomitar, gastritis y colitis, entre otros.

Los trastornos de ansiedad, el trastorno de estrés postraumático y los episodios depresivos mayores son frecuentes en las personas en duelo por un suicidio y conllevan diversos síntomas físicos.

Hablar de cómo nos sentimos permite, primero, reconocer las emociones, y segundo, digerirlas y procesarlas.

De esta manera, las emociones ya no tienen un camino y una expresión directa a través del cuerpo. En psicología decimos que lo que no se dice se actúa, por lo que no verbalizar las emociones se expresa en forma física, somática o conductual.

Por otra parte, el ejercicio y la respiración tienen un efecto positivo sobre el cuerpo y, por tanto, sobre las emociones.

CONOCE UN POCO MÁS ACERCA DEL SUICIDIO

Leer, revisar y preguntarse acerca del tema del suicidio despeja dudas y aclara mitos. Nos permite, con el estudio, no sentirnos tan solos en nuestro proceso y evitar con ello errores que son frecuentes.

Hoy tenemos la suerte de conocer mucho más sobre el tema. Entender el suicidio nos permite entender mejor, aunque sea en retrospectiva, a nuestro ser querido. Eso, a su vez, nos capacita para reacomodar significados y creencias que se vieron alterados por la crisis de la pérdida.

CUIDA LAS RELACIONES FAMILIARES Y LAS RELACIONES CON OTROS

No es raro que tras un suicidio exista tensión entre los miembros de una familia y con otros. Recordemos que el proceso de duelo tiene características individuales, es decir, cada uno puede vivir un momento y un proceso de duelo diferentes.

El espacio del duelo es tan íntimo y personal que no siempre puede compartirse.

Muchas veces estas diferencias impiden los consensos y los acuerdos. La comunicación puede verse dificultada. Pese a haber compartido la experiencia de la misma pérdida, no estamos parados en el mismo lugar y viendo hacia la misma dirección. Los significados y las creencias personales tal vez no sean los mismos.

Cuando hablo de cuidar las relaciones con otros, me refiero a mostrar tolerancia hacia la diferencia en las percepciones y expresiones de las emociones producto del proceso. No pretendamos vivir el proceso de la misma manera, y sentir y hacer lo mismo. Tal vez aquel ritual que para mí es de suma importancia para el otro resulte sin sentido o reprobable. Ser tolerante se refiere a poder vivir el proceso que necesito vivir, así como dejar al otro hacer lo mismo.

El espacio del proceso de duelo es tan íntimo y personal que no siempre puede compartirse o sincronizarse con el de otros con facilidad.

Cuidar las relaciones con otros se refiere también a no volcar en otros los sentimientos que me resultan difíciles de manejar, como la culpa o el enojo. En los casos de suicidio no es raro encontrar personas que culpan a terceros por la decisión que una persona tomó de quitarse la vida. Yo puedo ser en parte responsable de la relación que haya establecido con el suicida, pero no hay manera en que lo sea de tan tremenda decisión. Culpar a otros no nos sirve, atenta contra las relaciones que aún tenemos y nos deja aún más aislados.

DA POR TERMINADA LA BÚSQUEDA DEL PORQUÉ

Dejar de buscar el porqué no es sencillo. Ya lo decía Edwin Shneidman, "el suicida deja su esqueleto psicológico en el clóset emocional de los sobrevivientes".

La respuesta no existe y si existe, no es clara. La respuesta se la lleva el ser querido con su muerte.

La pregunta del porqué nos enfrenta una y otra vez a nuestra sensación de impotencia y de enorme frustración, no solo por no poder revertir el hecho, sino también por no poder entenderlo en su totalidad.

La paz tras el suicidio no llega con la respuesta del porqué. La paz llega cuando me permito soltar esa pregunta que aparece en forma constante, casi obsesiva. Aprender a vivir con el hecho de que no se tienen todas las respuestas no es fácil, pero sí viable.

Si me encuentro en un estado de mucha angustia en el que la pregunta del porqué no cede y aparece insistentemente pese a todos mis intentos por tranquilizar mi mente, ahora se cuenta con medicamentos excelentes que actúan sobre el pensamiento obsesivo y que me permitirían descansar y, poco a poco, soltar la necesidad de encontrar una respuesta.

La pregunta del porqué nos enfrenta una y otra vez a nuestra sensación de impotencia y de enorme frustración.

No temas apoyarte temporalmente en la medicación

Los golpes emocionales por pérdidas repentinas son muy fuertes y la mayoría de las veces amenazan nuestra salud y nuestro equilibrio emocional.

Hace unos días acudió a consultarme una mujer porque su nieta había fallecido en un terrible y triste accidente automovilístico. Esta mujer, de poco más de 60 años, estaba terriblemente alterada y angustiada. Sentía que le costaba trabajo respirar y temía por su salud, pues ya había sufrido dos ataques cardiacos. Dijo que no podía quitarse de la mente las imágenes de lo que parecía haber sido el accidente. Su dolor era intenso y palpable. Tenía síntomas de lo que podría ser estrés postraumático. Más allá de la etiqueta que el diagnóstico podría representar, esta mujer necesitaba ayuda urgente para cargar su dolor, poder hacer frente a su pérdida y lograr con ello un mejor funcionamiento. Hablé con una psiquiatra que sugirió un antidepresivo que tiene efecto sobre la ansiedad y sobre el pensamiento obsesivo. En casos así, es válido "anestesiarse" temporalmente y de forma responsable.

Busca el espacio y la persona adecuados para desahogarte y poder continuar.

Comunícate con el corazón

Las dificultades para hablar de lo sucedido y de las emociones que desata no es cosa sencilla. Sabemos que comunicamos con palabras, pero también con nuestros actos y actitudes, es decir, hablar con el corazón, nos conecta con otros. Tal vez en ocasiones te sientas tan enojado o frustrado por la situación en la que te encuentras que tus palabras o actitudes resulten hirientes para otros. Busca el espacio y la persona adecuados para desahogarte y poder continuar.

Compartir un dolor permite establecer un profundo vínculo de cercanía.

Hablar con la verdad y con el corazón puede ser la estrategia de sobrevivencia al suicidio más conveniente. Y si las palabras adecuadas no vienen a tu boca, intenta transmitir tus emociones con tus actitudes y con tu contacto físico. Hay silencios que evitan y otros que acompañan. Un abrazo, un contacto físico pueden decir "aquí estoy, pero necesito tiempo para sanar".

La comunicación verbal implica no solo hablar, sino también saber escuchar. Y al hablar y al escuchar hay que ser sensibles a los otros. La comunicación depende más de la emoción que de los hechos. Cuando nos quedamos atorados en comprobar los hechos, nos distanciamos y olvidamos que cada uno de nosotros tiene una perspectiva de la vida diferente.

Para poder comunicarte y conectarte con otros, necesitas estar emocionalmente ahí, dispuesto a la escucha. Y tal vez, por el momento en que te encuentras, esto parezca inalcanzable. Proponte tomar pequeños momentos de presencia física y emocional en la medida en que puedas hacerlo.

> Ahora somos amigos de verdad porque hemos podidocontarnos algunas vivencias dolorosas de nuestras vidas privadas.
>
> *May Sarton*

Compartir nuestros experiencias con otros tiene el poder de estrechar una relación. Compartir un dolor permite establecer un profundo vínculo de cercanía.

No estás loco, estás sufriendo una terrible pérdida

Las emociones que evoca la pérdida por suicidio pueden ser muy variadas e incluso contradictorias: tristeza-enojo, deseos de vivir-deseos de morir, alivio-dolor, y muchas más.

Por un momento quizá te sientas como loco, confundido, aturdido y ajeno a la realidad. Pues sí, todos estos sentimientos son válidos. Si te atreves a expresarlos y a ventilarlos en el lugar y con las personas adecuadas, sentirás un peso menos encima. Poder hablar de lo que te ocurre te ayudará a entenderlo y a organizarlo. A masticarlo y a digerirlo. Cuando las ideas aparecen en forma obsesiva, nos vemos en la necesidad de hacer "algo" para calmar el ruido mental.

- ¿Qué actividad encuentras más adaptativa y útil?
- ¿Tal vez sea una forma activa de ayudar evitando otros suicidios?
- ¿Tal vez sea leyendo para reunir información y entender lo que te está pasando?

Hay otras formas que son muy destructivas como mecanismos para manejar los pensamientos obsesivos, por ejemplo, recurrir al alcohol y a las drogas. En estos casos hay que actuar con mucho cuidado porque la mejoría inmediata que se obtiene al no escuchar las ideas obsesivas gracias a sustancias como alcohol o drogas, pueden llevarnos a desarrollar dependencia.

Crece espiritualmente

Todos venimos a esta vida con una misión que cumplir. Preguntarnos por qué nos pasa lo que nos pasa no nos lleva a ningún lado. Cambiemos entonces la pregunta *por qué* por la pregunta *para qué*. Desde este lugar, todos los sucesos de nuestra vida implican un sentido y un aprendizaje.

Entender la muerte misma como parte de un proceso de vida es una búsqueda de sentido.

Entender la muerte misma como parte de un proceso de vida es una búsqueda de sentido. La vida no acaba con la muerte y la muerte, propia y de otros, es parte del proceso de vivir.

Sin muerte no hay vida y viceversa. Ambas son parte de una misma experiencia en el discurrir de la vida humana. Por consiguiente, desarrollar nuestro aspecto espiritual es importante.

Las experiencias duras y dolorosas de la vida nos permiten crecer como seres humanos. Nos llevan a procesos intensos y profundos de cuestionamiento personal.

▶ Es solo en las noches sin luna, cuando se experimenta y se vive la mayor oscuridad, que encontramos que las estrellas brillan con mayor intensidad.

Solo en los momentos de mayor dolor podemos experimentar la intensidad de la vida. Aparece así la polaridad entre el dolor y la felicidad. Únicamente quien ha sufrido puede experimentar grandes dosis de felicidad y agradecimiento por estar vivo, por vibrar y sentir.

Las experiencias duras y dolorosas de la vida nos permiten crecer como seres humanos.

> Esto que voy a escribir parece bastante negativo y duro, pero no es mi intención que lo sea. La felicidad basada en la realidad es mucho más profunda que la que se levanta sobre la fantasía; y el sufrimiento nos enseña que una persona que vive entre privaciones y sumida en la desolación se puede encontrar con la felicidad sin esperarla. Hay una cierta pérdida de las cosas externas que nos vuelve más sensibles a la alegría, así como a la pena.
>
> *Sheila Cassidy*

Los grandes compositores musicales componen inspirados por el desamor, por la pérdida y por el dolor. De ahí nacen las grandes melodías que inspiran a otros. Así, el dolor tiene la capacidad de agudizar los sentidos.

Confiar en que las cosas que nos pasan tienen una razón de ser es un acto de fe en la vida y en uno mismo. Nada es fortuito, y esto es algo que entendemos con el tiempo. No nos resistamos a vivir lo que nos toca. Aceptemos con humildad los dolores de la vida y demos tiempo a que esta nos revele la intención de cada experiencia.

Seamos sabios al darle un sentido y un propósito a nuestras experiencias.

Que las experiencias duras de la vida no transformen nuestros corazones en piedra o en nidos de dolor y resentimiento. Mientras poseamos el regalo de estar vivos, nuestra misión está aún en espera de ser descubierta.

SIGUE UNA GUÍA ESPIRITUAL PARA LA PÉRDIDA

En su libro *Spiritual Divorce*, Debbie Ford habla de siete reglas espirituales para el divorcio, que bien pueden ser utilizadas como guía espiritual ante cualquier pérdida.

> Seamos sabios al darle un sentido y un propósito a nuestras experiencias.

1. La regla de la aceptación. Aceptar implica reconocer que cualquier situación de la vida tiene su razón para suceder. Nada es fortuito o casual, como ya decíamos. Mi vida es un plan perfecto hecho a la medida para mí y todo lo que me ocurre tiene un sentido y un para qué.

2. La ley de la rendición. Cuando estemos dispuestos a rendirnos ante la situación en que nos encontramos y dejemos de resistirnos, las cosas cambiarán. La resistencia implica miedo al cambio y a lo desconocido. Sin embargo, resistirnos impide nuestro proceso de sanar.

3. La regla de la guía divina. Dios hará por ti lo que no puedes hacer por ti mismo. Confía. Sé humilde, haz a un lado el ego y no intentes saberlo todo y resolverlo todo por ti mismo. Este puede ser un momento de reencuentro espiritual.

4. La ley de la responsabilidad. Una vez que estemos más en contacto con nuestro mundo espiritual, podremos analizar la situación y reconocer más claramente dónde estuvo nuestra responsabilidad en lo sucedido.
5. La ley de la elección. Ya que hayamos hecho un análisis profundo de nosotros mismos en términos de la responsabilidad, podremos tomar mejores decisiones para el futuro. Habremos aprendido de nuestros errores y tendremos una mejor brújula para movernos de ahora en adelante.
6. La ley del perdón. Perdonarnos implica un acto divino en el que soltamos los juicios y creencias de lo que es bueno y lo que es malo, y sentimos compasión por nosotros mismos. Tener compasión por nosotros mismos es un regalo de Dios.
7. La ley de la creación. Explorar el perdón nos abre las puertas de nuevas realidades. Un vez que perdonamos y nos perdonamos, rompemos las ataduras del pasado y nos abrimos al futuro.

> Hay dolores en la vida que parecen tan grandes y terribles que sin un apoyo espiritual se piensa que no lograremos salir adelante.

Hay dolores en la vida que parecen tan grandes y terribles que sin un apoyo espiritual se piensa que no lograremos salir adelante. Sabernos acogidos, cargados o acompañados en el plano terrenal por una fuerza espiritual (con el nombre que más nos guste) es un regalo y un bálsamo.

No es que las personas que tienen alguna fe o creencia espiritual o religiosa sufran menos, pero sí encauzan su sufrimiento de manera diferente. Si no cuentas con esa fe o esas creencias, este puede ser un buen momento para acercarte y conocer un poco de ello.

HONRA CON TU VIDA A TU SER QUERIDO

Continuar con tu vida y recuperarte del dolor puede representar una forma de honrar a la persona que ya no está contigo. Seguir adelante y regalar pequeños momentos de tu vida a alguien que murió puede transformar tu experiencia de vida. Te sentirás agradecido por el hecho de estar vivo y mantendrás su recuerdo vivo en ti.

Honrar a alguien que ya no está en el plano físico nos conecta con esa persona en los planos emocional y espiritual. Esta puede ser una experiencia de gran trascendencia.

Solo en la soledad encontramos presencias espirituales. Solo en el silencio escuchamos los susurros del alma. Pequeños espacios de reflexión nos permiten conectarnos con las emociones más profundas y sentir los gozos más plenos. Es ahí donde podemos sentirnos vivos de verdad. Dedícale pues un logro, una tarea o una misión. Esto le dará un mayor sentido a tu existencia.

ATRÉVETE A SER UN MOTOR DE CAMBIO

Esta experiencia que hoy te tocó vivir, te puede sumergir en un cuestionamiento personal intenso. El ensimismamiento, que es válido y necesario por momentos, no puede ser eterno.

Compartir tu experiencia con otros puede ser determinante para el cambio social que se requiere.

Compartir tu experiencia puede tocar el corazón de otros y prevenir otras muertes. Hablar de lo que sucedió con honestidad y compasión puede romper el tabú y el estigma que hoy prevalecen en estos casos.

Este movimiento puede no solo sanar a otros, sino también a ti. La humildad y el dolor nos conectan emocionalmente. Si somos sensibles, aprenderemos mutuamente de nuestra experiencia. Ser un motor de cambio con tu verdad y experiencia puede representar darle un sentido de trascendencia a tu pérdida.

> Compartir tu experiencia puede prevenir otras muertes.

Pon el amor donde haga falta

En meses pasados una valiente mujer que participa en un grupo que formamos de mujeres que han sufrido la pérdida de un ser querido me mandó una imagen que se convirtió en un parteaguas en mi entendimiento de lo que implica sanar una pérdida.

Se trata de una conversación entre Facundo Cabral y la Madre Teresa de Calcuta sobre el hecho de haber perdido a su esposa y a su hija en un grave accidente aéreo. En esta conversación, ella le dice: "Ahora sí estás en un grave problema. ¿Qué vas a hacer con todo el amor que te sobra?". Tras esa conversación ella lo llevó a lavar leprosos, y la conclusión fue que hay que poner el amor donde hace falta.

▶ Sanamos tocando al otro. Sanamos cuando vemos y tocamos el dolor del otro pese al nuestro. Ayudar a otros es increíblemente sanador. Y ¿qué mejor momento para hacerlo que cuando tenemos para compartir el amor por nuestro ser querido que nos queda?…

Hay que poner el amor donde hace falta.

Espero que estas diferentes ideas sean motivo de reflexión para ti. Que permitan que cuestiones tu rol en este duelo y que, al hacerlo, puedas crecer como ser humano en toda su complejidad. Crecer en lo emocional y en lo espiritual.

Una pérdida es una oportunidad de transformación, de dura pero valiosa maduración.

Ojalá que al atravesar el dolor puedas convertirte en una mejor persona. Y no solo en tu mundo inmediato, sino también en tu presencia única en este mundo global. ¡Hay tanto más que hacer por otros, y especialmente en el dolor! El grupo de mujeres con las que he trabajado se llama Misión de Vida, nombre no casual para la experiencia. El dolor nos lleva a asumir una misión de vida personal. Busca causas, adhiérete a fundaciones o a una labor social. Dona tu tiempo, tu talento y tu experiencia. Estamos aquí para compartir y para aprender juntos de este juego que se llama vida.

L LECTURAS SUGERIDAS PARA ESTE CAPÍTULO

Bucay, J. (2001). *El camino de las lágrimas*. Barcelona: Océano.

Eben, A. (2013). *La prueba del cielo. El viaje de un neurocirujano a la vida después de la vida*. Ciudad de México: Planeta.

Neimeyer, R.A. (2002). *Aprender de la pérdida: Una guía para afrontar el duelo*. Barcelona: Paidós.

Richo, D. (2005). *The Five Things We Cannot Change… and the Happiness We Find by Embracing Them*. Boston: Shambhala.

G GLOSARIO

ACUPUNTURA. Técnica de la medicina china; se utilizan agujas u otros métodos para estimular ciertos puntos en el cuerpo.

ESTIGMA. Señal o marca que tiene un valor de deshonra.

FLORES DE BACH. Remedios a base de esencias florales que se utilizan en forma de gotas.

PSICOSOMÁTICO. Interacción entre la mente y el cuerpo. El cuerpo manifiesta a través de síntomas físicos el estado emocional.

TERAPIAS ALTERNATIVAS. Aquellos tratamientos que no pertenecen a la medicina alópata.

EXPERIENCIA COMPARTIDA: PILAR

Guarda tus lágrimas para cuando yo me muera

Pilar tiene hoy 30 años y me narra que hace 11 años vivió la tremenda experiencia de perder a su madre por suicidio.

Pilar me cuenta que ella y sus hermanas sabían que su mamá se deprimía, que tomaba pastillas para dormir y hablaba frecuentemente de la muerte: "Tengo el presentimiento de que voy a morir joven" o "Guarda tus lágrimas para cuando yo me muera". Incluso intentó suicidarse antes ahorcándose con una bufanda. En esa ocasión sus hijas la detuvieron. Esto sucedió cuando Pilar tenía 16 años.

En un Año Nuevo previo al suicidio la mamá decidió pasar la fecha sola. Pilar se quedó muy angustiada y le dijo a su abuela que temía que su mamá se hiciera daño. La abuela, molesta, le contestó que eso que decía era pecado.

Los padres de Pilar estaban divorciados y Pilar se trasladó a la Ciudad de México para estudiar en la universidad. La situación en casa se tornó muy difícil cuando su madre entabló una nueva relación que la hizo descuidar a su familia y beber.

Pilar y sus hermanas se alejaron de la madre, enojadas porque descuidaba a la hermana más pequeña. Intentaron hacerla entrar en razón, pero fue imposible. Unos días previos al suicidio, el padre de Pilar le envió una carta a la mamá poniéndole un ultimátum: o se hacía cargo de la hermana de Pilar o se la quitaría. Llegó el fin de semana y la hermana menor, cansada de la situación, decidió viajar a la Ciudad de México a visitar a su hermana.

En ese momento tuve una corazonada. Llamé a casa de mi mamá y no me contestaron. La encontró la empleada de servicio: se había ahorcado con un lazo. Por fin, cuando logré comunicarme me dieron la noticia de que mi mamá había muerto. No necesité preguntar qué había sucedido, estaba segura de que se trataba de un suicidio.

Mi primera reacción fue de shock. Sentí que no podía llorar. Mi auto estaba mal estacionado y salí a acomodarlo. Recibí la noticia en casa con mis hermanas. Las reacciones de cada una fueron diferentes. Una de ellas se puso a llorar como loca y hasta temblaba; ella sí pudo expresarlo en ese momento. La otra solo lloraba y decía que era una pesadilla. El shock me duró cerca de una semana.

El velorio trajo dificultades. La familia de su mamá las culpaba de lo sucedido, ya que se alejaron de ella y no aceptaban a su marido. Pilar no acudió para evitar enfrentamientos; una de sus hermanas sí fue y la experiencia fue amarga. Hubo peleas y no la dejaron ver a su mamá.

Pasados los ritos fúnebres, la casa de su mamá se puso en renta y fueron a vivir con el papá. Pasaron de vivir en una situación económica cómoda a circunstancias más difíciles. Su padre estableció límites y reglas, lo que no fue fácil para Pilar. La joven estaba muy enojada con su mamá por la manera en que se fue; dejó una carta despidiéndose de otros familiares, pero no de sus hijas. Su madre también las culpaba a ellas, lo cual las dejó muy vulnerables.

Pasé años enojada, no quería hablar de eso, no iba al panteón. No me gustaba recordarla y me era difícil recordar las cosas buenas. Mi enojo duró como dos años.

Pilar asumió una actitud rebelde, empezó a salir y a tomar, lo que provocó que tuviera enfrentamientos con su papá.

Así lo canalicé. Poco a poco me fui frenando sola, empecé a trabajar y a madurar. Consulté a una tanatóloga durante seis meses y entendí que mi mamá padecía una enfermedad. Que no lo hizo para molestarnos, que estaba enferma. Por desgracia, tuve que dejar la terapia por la situación económica.

Su apoyo fueron sus hermanas, con quienes hablaba del tema, y sus amigos, quienes se convirtieron en su familia. Con el padre no se habló más. La abuela materna incluso niega el suicidio argumentando que su hija murió de un infarto.

Mi sensación es que mi madre dejó de estar con nosotras tiempo atrás; sin embargo, prevalece en mí la duda de si hubiéramos podido hacer algo más para ayudarla.

Pilar me dice que todavía no termina de sanar. Que a veces se siente perfectamente bien y otras, como si su mamá acabara de morir. Hay un sentimiento de desolación que describe como un vacío y una tristeza profunda.

Ciertas noches sueña con su madre, quien se salvó y le dice "Ya pasó, yo estoy bien". En otros sueños la ve como ausente, Pilar le habla pero no le hace caso. Sueña con regresar a su casa y entrar de nuevo a la dinámica de vida familiar que algún día tuvieron. Pilar la extraña.

Esta experiencia me volvió más sensible. Hoy me siento más fuerte y son pocas las cosas que me asustan. Tomo la vida de forma más relajada. Otros me ven con admiración por mi fortaleza, pero yo no me considero especial, porque solo le hice frente a las circunstancias que me tocó vivir. Todo pasa, sales adelante. Vuelves a reír, hay una vida después.

R REFLEXIONES

La experiencia de Pilar nos permite ver que en la mayoría de los suicidios hay señales previas. Ella y sus hermanas temían por su mamá, incluso habían escuchado de boca de esta su intención. Eso la situó frente a una tarea difícil, la de sanar la idea de que pudo hacer algo para prevenirlo.

Observamos que el suicidio de un ser querido desestabiliza profundamente a la familia, cuyos miembros, frente al dolor, buscan responsabilizar a otros por lo sucedido. Pilar también vive una etapa de alteración emocional tras la pérdida de su madre. Gracias a la unión con sus hermanas, empieza a sanar.

La corazonada de Pilar el día en que su madre muere, así como los sueños que tiene, nos hablan de una experiencia más allá del mundo de la consciencia que nos conecta a unos con otros, incluso más allá del plano físico.

EXPERIENCIA COMPARTIDA: NINA

Un secreto que sale a la luz

Nina tiene 32 años y su padre murió cuando ella tenía 5. A los 3 años vivió la separación de sus padres y los fines de semana veía a su padre, quien vivía con otra mujer y los hijos de ella.

A Nina se le dijo que a su padre se lo habían llevado al hospital y murió de una enfermedad. Su madre pensaba decirle en algún momento y temía el día en que Nina se enterara por un tercero.

A los 12 años, estando en casa de una amiga, esta le habló de los rumores en torno a la muerte de su padre. Le dijo que por su mamá sabía que el papá de Nina se había suicidado.

> Recibir esta información fue como volver a vivir el duelo. Hablé con mi madre, quien en un principio lo negó y le dijo "no es cierto y si así fuera, qué?".
>
> Recuerdo que llegué a mi casa después de hablar con mi amiga, para encontrar a la familia reunida. Fue como si se hubiera vuelto a morir, me puse muy mal.

Poco a poco se reveló lo ocurrido años atrás. Su papá padecía de una fuerte depresión que no se atendió como debería. Poco tiempo antes de consumar el suicidio su padre lo intentó tomando pastillas. La madre de Nina lo encontró y lo llevó al hospital. Después de ser atendido médicamente, él dijo estar muy arrepentido de lo sucedido. En este intento dejó una carta para Nina, su única hija. Nina nunca la vio.

Tras el intento los médicos recomendaron mantenerlo bajo estricta vigilancia por temor a una repetición. Unos días después, cuando la novia salió de casa, él se ahorcó.

> Tras esa pérdida de mi papá a los 5 años, he estado en diversas terapias que son las que me han ayudado a salir adelante.

Hoy veo el suicidio como producto de una enfermedad y siento frustración porque no se hizo más para ayudar a mi papá con ella y así evitar el suicidio.

En algún momento se sintió molesta porque no se le dijo lo sucedido, pero hoy comprende que no era un tema fácil de manejar con una niña de su edad y que tal vez fue lo mejor para ella.

Vivir sin un padre ha tenido un efecto fuerte en su vida. Me platica que sus relaciones no han sido sencillas, que ha temido el abandono y se ha esforzado para que la historia no se repita en su familia. Habla de que la familia del padre era disfuncional y en algún momento se enteró de que el abuelo paterno también se suicidó.

No tengo problema para hablar del tema, pero no me gusta hacerlo por la reacción que genera en otros. He hecho todo lo posible por superar la pérdida de mi padre, he trabajado en ello arduamente y confío en un mejor futuro para mis hijos y para mí. He podido integrar la imagen de mi padre y, aunque lo tuve por poco tiempo, sé que fui muy querida por él.

R REFLEXIONES

Guardar el secreto de la causa de muerte cuando se trata de un suicidio tiene diferentes efectos en el sobreviviente. En muchas ocasiones se evita hablar de ello con la intención de proteger a alguien. Desde esta postura la intención, aunque es buena, no evita la sensación de ser engañado. Hablar de suicidio a los niños no es cosa sencilla y esto viene del temor de los padres a que el niño se sienta abandonado o se sienta culpable por lo ocurrido. En estos casos no hay salida fácil. Nina pudo elaborar la muerte del padre finalmente tras conocer la causa de la misma. Lo logró con arduo trabajo y con mucha compasión y sensibilidad hacia lo que ella define como la enfermedad del padre.

La verdad en los casos de las muertes por suicidio tarde o temprano sale a la luz. Poder digerir la causa de muerte es fundamental. Darle un sentido a la pérdida es reparador. Nina finalmente se convirtió en médico y desde su hacer logra sanarse a sí misma y a otros.

EXPERIENCIA COMPARTIDA:
UNA MADRE EN DUELO

Lo que me ha ayudado a sanar

Mi hija Alex trascendió de esta vida como la conocemos hace 8 meses, y a mí me parece que fue ayer. Desde entonces he perdido el sentido del tiempo y la capacidad de memoria, y mi concepto de lo que en verdad importa se ha visto volcado por completo.

En el momento en que me avisaron de su accidente morí, si así se puede decir, porque dejé de ser quien era, y sin darme cuenta, con su ayuda, renací. Desde el momento en que trascendió a la luz me lo hizo saber. Después, en el funeral, cuando me acerqué a ella para despedirme, en un momento de locura absoluta y dolor indescriptible, de pronto me encontré tranquila y feliz, bromeando con ella. Estaba ahí conmigo. No en ese cuerpo que yacía en el ataúd pequeño y convertido en un carboncito por el incendio del auto en el que sufrió el accidente, sino ahí realmente, en alma, conmigo. Bromeamos sobre cómo le había advertido que tuviera cuidado, que no condujeran rápido, y "¿Ya ves? ¡Tenía razón!". A ella la vi alegre y risueña, pero, ya hablando en serio, me dijo: "Ma, ¡tú yo yo sabemos!".

Se refería a que las dos sabemos que ella no murió, que la muerte no existe, que somos alma, con o sin cuerpo. Que la muerte del cuerpo no puede separarnos, no puede romper el lazo de amor puro e infinito entre nosotras.

No digo que no ha sido, y es, muy duro. La mente, con todo lo que se nos ha enseñado en este mundo, me arrastra al dolor de haberla "perdido". Es una lucha terrible entre lo que sé en alma y lo que mis sentidos y la mente del mundo me dicen, una lucha más terrible que la que jamás haya tenido que enfrentar. Antes era una mujer "fuerte", ahora me encontraba derrotada, pero el amor por mis hijas sobrepasa cualquier cosa, hasta la muerte física.

Antes nunca necesité ayuda, siempre fui autosuficiente y fuerte. Ahora, en ocasiones mi ser entra en conflicto, se confunde y me hundo en el dolor, queriendo darme por vencida. Entonces, ha sido el amor de la gente que me ama, de mi familia (familia cercana, mamá e hija Caro), mis amigos y mi pareja, así como el de Alex, el que me ha cargado con paciencia, el que me ha arropado y fortalecido hasta ponerme en pie de nuevo. El amor por mis hijas me ha dado fuerza para seguir adelante en esta vida.

Algunos que me quieren, con la intención de ayudar, me dicen que debo dejarla ir, pero no entienden que el hecho es que yo no la retengo. Desde pequeñas las he motivado a volar, a seguir su destino, a perseguir sus sueños… Si estuve con ella incondicionalmente durante su llegada a esta vida, me negaba a abandonarla en su transición.

Con esta transición fui catapultada a una apertura espiritual nunca imaginada. Me di cuenta de que ciertas cosas las sabía desde niña, pero con las distracciones de la vida cotidiana, este saber quedó en mera teoría. Ahora ella me ayuda todos los días y noches a recordar lo que en alma sabemos. Venimos al mundo a disfrutar, a amar, a transformarnos y a ayudar a otros a hacer lo mismo. Así que si me preguntan qué ha sido lo que me ha ayudado a sanar, repetiré que ha sido el amor, ese sentimiento esencial, el amor de mi familia, mis amigos, mi mamá y mi papá, mi hija Caro y mi pareja, así como la guía y el amor infinito del todo y del alma de Alex, quien me acompaña siempre, en este mundo y más allá.

 ## Reflexiones

En esta experiencia vemos que una manera de sanarse de una pérdida repentina es el desarrollo espiritual, es poder tener la certeza de que la persona amada que se fue de este mundo siempre nos acompaña, que en realidad, no se ha ido.

El desarrollo espiritual y la capacidad de apreciar en lo que vale el amor de nuestros seres queridos, de dejar que este amor sea nuestra guía y, por qué no, nuestra mejor terapia, son elementos fundamentales para la sanación del dolor que parece que se extenderá eternamente.

Bibliografía

APA, Asociación Estadounidense de Psiquiatría (2000). *DSM-IV, Manual diagnóstico y estadístico de los trastornos mentales.* Barcelona: Masson.

Aspra, L. (2003). *Morir sí es vivir.* Ciudad de México: Alamah.

Bartra, R. (1987). *La jaula de la melancolía. Identidad y metamorfosis del mexicano.* Ciudad de México: Grijalbo.

Behar, D. (2011). *Un buen morir. Encontrar sentido en el proceso de la muerte.* Ciudad de México: Pax.

Bowlby, J. (1985). *El apego.* Barcelona: Paidós.

Bucay, J. (2001). *El camino de las lágrimas.* Barcelona: Océano.

Celeiro, S., Golobardes, M. y Yuste. R. (2008). *El peso semántico del duelo en la narración terapéutica.* Barcelona: Escuela de Terapia Familiar de Sant Pau.

Crenshaw, D. (1996). *Child and Adolescent Psychotherapy.* Lanham: Aronson Jason.

Castro, M. (2011). *Tanatología. La familia ante la enfermedad y la muerte.* Ciudad de México: Trillas.

Cyrulnik, B. (2014). *Cuando un niño se da "muerte".* Barcelona: Gedisa.

Durkheim, E. (1986). *Las reglas del método sociológico.* Ciudad de México: Fondo de Cultura Económica. https://acms.es/wp-content/uploads/2018/11/durkheim_emile_-_las_reglas_del_metodo_sociologico_0.pdf

Eguiluz, L., Córdova, M. y Rosales, J. (2013). *Ante el suicidio.* Ciudad de México: Pax.

Eben, A. (2013). *La prueba del cielo. El viaje de un neurocirujano a la vida después de la vida.* Ciudad de México: Planeta.

Farberow, N.L. y Shneidman, E.S. (1969). *¡Necesito ayuda! Estudio sobre el suicidio y su prevención.* Ciudad de México: Prensa Médica Mexicana.

Ford, D. (2006). *Spiritual Divorce. Divorce as a Catalyst for an Extraordinary Life.* Nueva York: HarperOne.

Frankl, V. (1991). *El hombre en busca de sentido.* Barcelona: Herder. https://www.inaes.edu.py/application/files/6515/8516/6361/RESILIENCIA._FRANKL_VIKTOR_-1979_-_EL_HOMBRE_EN_BUSCA_DE_SENTIDO.pdf

Freud, S. ([1917] 1992). *Duelo y melancolía. Obras Completas,* vol. XIV. Buenos Aires: Amorrortu.

Grecco, E. (2000). *Muertes inesperadas: Manual de autoayuda para los que quedamos vivos.* Ciudad de México: Pax.

Hewett, J.H. (1980). *After Suicide.* Louisville: Westminster John Knox Press.

INEGI, Instituto Nacional de Estadística y Geografía (2011). *Estadística de suicidios de los Estados Unidos Mexicanos.* Ciudad de México: INEGI.

_____. (2012). *Mortalidad, 2012.* https://www.inegi.org.mx/temas/mortalidad/

Joiner, T. (2006). *Why People Die by Suicide.* Cambridge: Harvard University Press.

Klein, M. (1948). *Sobre la teoría de la ansiedad y la culpa.* https://es.scribd.com/document/342161645/Melanie-Klein-Sobre-La-Teoria-de-La-Ansiedad-y-La-Culpa

Kübler-Ross, E. (2011). *Sobre la muerte y los moribundos.* Barcelona: Debolsillo.

Kübler-Ross, E. y Kessler, D. (2006). *Sobre el duelo y el dolor.* Barcelona: Luciérnaga.

Menninger, K. (1972). *El hombre contra sí mismo.* Barcelona: Ediciones Península.

Mills, J. (2008). *Mi amigo el sauce.* Buenos Aires: Editorial Sana colita de rana.

Moron, P. (1992). *El suicidio. ¿Qué es?,* Ciudad de México: Publicaciones Cruz O.

Mundy, L. y Fitzgerald, A. (2013). *Nos ponemos tristes cuando alguien muere. Un libro sobre el dolor.* Ciudad de México: Ediciones Dabar.

Neimeyer, R.A. (2002). *Aprender de la pérdida: una guía para afrontar el duelo.* Barcelona: Paidós.

O'Connor, N. (2007). *Déjalos ir con amor,* Ciudad de México: Trillas.

Paz, O. (1986). *El laberinto de la soledad.* Ciudad de México: Fondo de Cultura Económica.

Quintanar, F. (2008). *Comportamiento suicida: perfil psicológico y posibilidades de tratamiento.* Ciudad de México: Pax.

Richo, D. (2005). *The Five Things We Cannot Change… and the Happiness We Find by Embracing Them.* Boston: Shambhala.

Robinson, R. (2005). *Survivors of Suicide.* Wayne: Career Press.

Shneidman, E.S. (1982). *Voices of Death.* Nueva York: Bantam Books.

_____ (1990). "The Commonalities of Suicide across the Life Span", en A.A. Leenaars (ed.), *Life Span Perspectives of Suicide,* pp. 39-52. Los Ángeles: University of California Press.

Slaikeu, K. (1996). *Intervención en crisis.* https://pdfcoffee.com/intervencion-en-crisis-slaikeu-5-pdf-free.html

Smolin, A. y Guinan, J. (1993). *Healing After the Suicide of a Loved One.* Nueva York: Touchstone Books.

Ware, B. (2012). *The Top Five Regrets of the Dying. A Life Transformed by the Dearly Departing.* Carlsbad: Hay House.

Werner, E. (1992). "Protective Factors and Individual Resilience", en S. Meisels y J. Shonkoff (eds.), *Handbook of Early Childhood Intervention,* pp. 115-133. Nueva York: Cambridge University Press.

Whitemore, M. (2013). *Sanar una pérdida. Meditaciones para acompañar un duelo.* Madrid: Neo Person.

Wrobleski, A. (1995). *Suicide: Why? 85 Questions and Answers about Suicide,* AfterWords.

Bibiliografía adicional para el terapeuta

Durkheim, E. (1986). *El suicidio.* Puebla: Red de Jonas.

INEGI, Instituto Nacional de Estadística y Geografía (2011). *Anuario estadístico.* Ciudad de México: INEGI.

Omega, *Journal of Death and Dying.* www.omegajournal. net

Rivas, R., González Montoya, S. y Arredondo Leal, V. (2008). "Duelo y rituales terapéuticos desde la óptica sistémica", *Psicoterapia y familia,* 25(2), pp. 43-56.

Suicide and Life Threatening Behavior. www.onlinelibrary.wiley.com

White, M. (1988). "Saying Hullo Again", *Dulwich Centre Newsletter,* 2, pp. 29-36.

Cuestionarios de autoevaluación

¿Cómo sé si estoy viviendo un duelo complicado?

1. ¿Te ha sido imposible sentir algo durante meses por la pérdida de tu ser querido?

   Sí _____   No _____

2. ¿Te has sentido atrapado en un sufrimiento intenso que te ha puesto en riesgo a ti o a los que tienes a tu cargo?

   Sí _____   No _____

3. ¿Has tenido intensos sentimientos de culpa que sientes que no puedes liberar?

   Sí _____   No _____

4. ¿Has tenido ideas de suicidio y deseos intensos y recurrentes de morir?

   Sí _____   No _____

5. ¿Has sentido una desesperación persistente de no poder seguir adelante con tu vida?

   Sí _____   No _____

6. ¿Has tenido un largo periodo de inquietud y depresión que parece no ceder?

Sí _____   No _____

7. Aun pasado tiempo después de tu pérdida, ¿sigues teniendo síntomas físicos como ansiedad, alteración en el sueño o en la forma de comer?

Sí _____   No _____

8. ¿Tienes problemas con el manejo de tu ira y esta está afectando tus relaciones con otros?

Sí _____   No _____

9. ¿Te es difícil funcionar adecuadamente en el trabajo o en las tareas diarias de la vida?

Sí _____   No _____

10. ¿Has recurrido al alcohol o a otras sustancias para aminorar tu dolor?

Sí _____   No _____

Si contestaste a una o varias de estas preguntas de manera afirmativa, es recomendable que consultes a un especialista.

¿Cómo sé si tengo estrés postraumático?

1. ¿Tienes imágenes o pensamientos recurrentes respecto a la escena de la muerte?

Sí _____   No _____

2. ¿Padeces de problemas para dormir debido a sueños desagradables o recurrentes?

   Sí _____   No _____

3. ¿Sientes malestar psicológico intenso cuando recuerdas la experiencia del suicidio?

   Sí _____   No _____

4. ¿Sientes malestar físico intenso (náuseas, deseos de vomitar, temblor o taquicardia, por ejemplo) cuando recuerdas la experiencia del suicidio?

   Sí _____   No _____

5. ¿Eres incapaz de recordar algunos detalles del proceso que estás viviendo o te sientes enajenado en ocasiones?

   Sí _____   No _____

9. ¿Tu futuro te parece desolador y sientes pocas ganas de seguir adelante con tu vida?

   Sí _____   No _____

10. ¿Te sientes ansioso o irritable?

   Sí _____   No _____

Si contestaste a la mayoría de estas preguntas de manera afirmativa, es recomendable que busques ayuda profesional.

.¿Cómo sé si tengo depresión mayor?

1. ¿Te sientes triste y deprimido la mayor parte del tiempo?

   Sí _____   No _____

2. ¿Has perdido interés por aquellas cosas que antes te motivaban?

   Sí _____   No _____

3. ¿Ha habido un cambio importante en tu peso, ya sea aumento o disminución?

   Sí _____   No _____

4. ¿Ha habido un cambio importante en tu forma de dormir, ya sea aumento o disminución?

   Sí _____   No _____

5. ¿Sientes que te cuesta especial trabajo concentrarte?

   Sí _____   No _____

6. ¿La culpa aparece como una idea recurrente?

   Sí _____   No _____

7. ¿Las tareas que antes te parecían fáciles de cumplir hoy te parecen enormes?

   Sí _____   No _____

8. ¿Con frecuencia piensas en morir?

   Sí _____   No _____

9. ¿Has intentado suicidarte alguna vez?

   Sí _____   No _____

Si contestaste a la mayoría de estas preguntas de manera afirmativa, podrías estar viviendo un episodio de depresión mayor que requiere atención profesional de inmediato.

Anexo 2

Una guía para el terapeuta

Recomendaciones

1. Si vas a trabajar en terapia con una persona en duelo, es importante que sepas lo que esto requiere. Experimentar un duelo conlleva todo un proceso y la función del terapeuta debería ser de acompañamiento a lo largo de las diferentes etapas o momentos del mismo. Así podrás detectar cuándo los sentimientos del paciente son parte de un proceso normal y cuándo son síntomas de una complicación en el duelo.

2. El proceso de duelo por una muerte por suicidio tiene implicaciones particulares en relación con otras causas de muerte. Estas son:

   a) El carácter repentino de la pérdida

   b) El carácter violento de la muerte

   c) El tabú y el estigma social que la acompañan

   d) Las complicaciones que pueden aparecer a lo largo del proceso de duelo (depresión, estrés postraumático, intentos de suicidio, entre otras)

   e) La culpa y la vergüenza que causa en los sobrevivientes

3. Revisa tus propios valores, ideas y creencias respecto al suicidio. Tu postura frente a este puede permearse en la terapia. ¿Cómo te sientes al hablar de suicidio? ¿Te asusta, te impresiona, cuestiona tu moral o tus creencias? Tal vez convendría supervisar el caso o conversarlo con

algún colega. No todos podemos trabajar con temas tan duros y de tanto dolor emocional. Nuestra postura frente al tema puede estar reforzada por el estigma y el tabú propios de estos casos. Es fundamental que, en nuestro trabajo profesional en una terapia, no reforcemos estas ideas. Nuestra apertura, entendimiento y compasión respecto al suicidio son ingredientes esenciales para un buen trabajo terapéutico.

4. Si no sientes fuerza o capacidad para trabajar con una persona en duelo por un suicidio, es importante reconocerlo a tiempo y canalizarla con un especialista en ese trabajo. Puede ser un tanatólogo u otro terapeuta que cuente con las herramientas necesarias para llevar el caso.

5. Trabajar con una persona en duelo significa invertir tiempo y disponibilidad. Pregúntate ¿estoy emocionalmente disponible para acompañar a esta persona a lo largo de su proceso? En ocasiones tal vez recibas llamadas o mensajes fuera del horario de consulta, lo cual refleja la intensa crisis por la que el paciente está pasando. Esta intensidad emocional puede ser pasajera y exige tu disponibilidad para recibir una llamada que pueda tranquilizarlo en un momento de malestar. Saber que puede contar contigo lo hará sentir contenido. Esto no quiere decir que te hagas totalmente responsable de la persona. Recuerda que solo somos acompañantes que confiamos en la capacidad de nuestros pacientes para sanar.

6. Trabajar con una persona en duelo implica flexibilidad. Una persona en duelo vive una etapa de crisis. Tendrá días buenos y otros, no tanto. Tal vez cancele de última hora o te pida una cita de emergencia. En algunos momentos verás avances en la terapia y en otros incluso retrocesos. Es normal.

7. Pregúntate si cuentas con las suficientes estrategias y conocimiento del tema para ofrecerle contención y guía. Aunque tu formación profesional no indique que actúes de forma directiva, en los procesos de duelo las personas pueden sentirse tan perdidas y confundidas que necesitan que el terapeuta actúe como un "yo auxiliar". Es decir, que sea un poco más práctico y directivo en las decisiones a tomar. Por

ejemplo, una mujer que conozco cuya pareja se quitó la vida hace poco, está saturada resolviendo su situación financiera y volcada en un trabajo que antes no desempeñaba para salir adelante. En su día a día no hay espacio para acudir a la consulta, pero yo no dejo de buscarla, ver cómo está y darle algún tipo de acompañamiento. Ella dice que siente malestar e incapacidad de sanar. Busco apoyo para ella con un psiquiatra y juntos abordamos alternativas de medicación. Por sí misma ella no habría logrado llegar a este punto. Necesita al terapeuta para definir un rumbo siempre desde un lugar de respeto y asumiendo que la decisión final la tiene el paciente.

8. ¿Cuentas con las suficientes herramientas para distinguir entre lo propio de un proceso de duelo normal y lo propio de un duelo complicado? ¿Puedes evaluar cuándo es necesario buscar ayuda adicional? ¿Requiere medicación la persona en duelo? ¿Está en riesgo su vida? ¿Las ideas de muerte pueden llevarse a cabo? Estas son algunas preguntas importantes que deberás tener presentes al trabajar con una persona que ha perdido a alguien por suicidio.

9. ¿Tienes la capacidad para cambiar la narrativa de esta dolorosa situación? La psicología ofrece grandes recursos que nos sirven para dar un nuevo enfoque a una situación de dolor, por ejemplo, la logoterapia y la terapia narrativa, por mencionar algunos. El evento doloroso ya sucedió y no podemos cambiarlo, pero sí podemos ayudar al paciente a darle un significado a esta experiencia. El paciente lo logrará si cuenta con la guía adecuada de un terapeuta que presta importancia a los recursos mismos del paciente. Aquí la orientación terapéutica necesita centrarse en la construcción de una realidad favorable y de oportunidad, en el sentido de la vida y no en la enfermedad y la patología.

Si bien la mayoría de los psicólogos separamos el trabajo terapéutico de nuestras creencias espirituales, en el trabajo de duelo aparece el tema espiritual. ¿A dónde se fue? ¿Está con Dios? ¿Será castigado por quitarse la vida? ¿Cómo puede Dios permitir esto? Estas son algunas preguntas que surgen en la consulta. Cuando se sufre un dolor tan fuerte, es difícil no cuestionar profundamente nuestras vidas y nuestras creencias espirituales. De nuevo, el terapeuta acompaña desde un lugar de mucho respeto y, junto con su paciente, construye una realidad que incluye la parte espiritual, buscando que esta realidad le permita sentirse en paz. Las creencias espirituales del terapeuta son parte del espacio clínico; por consiguiente, es esencial que conozca y sea responsable del rol que juegan estas creencias en la interacción terapéutica.

En conclusión, hacer terapia con una persona que ha vivido una pérdida por suicidio no es una tarea que el terapeuta pueda tomarse a la ligera; será ardua y desgastante, pero muy necesaria hoy en día, cuando el suicidio aparece como una de las principales causas de muerte.

Tener presente nuestro propio estado emocional, así como nuestras creencias y valores, y contar con el conocimiento necesario del tema son requisitos imprescindibles para un buen trabajo terapéutico.

Trabajar con una persona en duelo por un suicidio también es una experiencia intensa y gratificante, que permite cambiar vidas e historias. El terapeuta que lleve a cabo este tipo de trabajo puede enriquecerse con la terapia y experimentar un intenso agradecimiento por la vida y por la posibilidad de ayudar a sanar a otros en su dolor.

UN ÁNGEL A TU LADO

Que siempre tengas un ángel a tu lado
· velando por ti en todo lo que hagas,
recordándote que debes seguir creyendo
en días más luminosos,
encontrando la forma
para que tus deseos y tus sueños
te lleven a lugares más bellos.
Dándote esperanza,
que es más confiable que el sol,
otorgándote la fuerza de la serenidad como guía.

Que siempre tengas un ángel a tu lado,
alguien que te sostenga si caes estimulando
tus sueños,
inspirándote felicidad, tomándote de la mano
y ayudándote a superar las dificultades.
Todos los días nuestras vidas se encuentran
en permanente cambio,
las lágrimas aparecen tanto como las sonrisas.
A lo largo de los caminos recorridos,
que la distancia sea más placentera que solitaria.

Que recibas dones que nunca terminen,
alguien maravilloso a quien amar y un amigo del alma
en quien confiar.
Que siempre aparezca el arco iris después

de la tormenta
y que siempre te abrigue la esperanza.
Ojalá siempre tengas amor, consuelo, aliento y que
siempre haya... ¡un ángel a tu lado!

Douglas Pagel

POR SIEMPRE JUNTOS

Un cuento para el manejo del duelo en niños

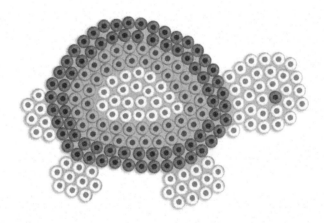

Jessica Wolf

En un día de verano, la tortuga Esperanza regresó a su playa lista para deso-
var. En ella encontró a su amiga Luz refugiada en un hoyo de arena.

Esperanza se acercó a Luz y le preguntó qué ocurría. Luz le comentó que
su mamá estaba a punto de morir y ella tenía mucho miedo.

Luz le dijo a Esperanza:

—No entiendo bien qué es eso de la muerte… Unos dicen que te vas
al cielo, otros dicen que tu cuerpo deja de sentir… Yo solo entiendo que
no volveré a ver a mi mamá.

Luz no podía dejar de llorar.

Esperanza le platicó de su experiencia cuando murió su tía Conchita.

—Cuando mi tía Conchita murió, me sentí igual que tú. Lloré durante
días sin parar. Un día, cuando dejé de llorar, me descubrí intentando hablar
con ella y me pregunté qué me diría… me sorprendí cuando rápidamente
supe la respuesta.

El otro día, mientras dormía, tuve un sueño en el que las dos jugábamos nuevamente en el mar y cuando desperté me di cuenta de lo contenta que estaba.

Cuando nado en el mar por las noches y miro al cielo, alcanzo a ver una estrella que brilla más que las demás y siento su presencia que me acompaña y me cuida.

Luz escuchó con atención lo que Esperanza le platicaba y sintió que su corazón empezaba a sentir paz.

Esperanza concluyó diciendo:

—Luz, solo puedo decirte que hoy siento a mi tía Conchita tan cerca como antes… Aunque no puedo verla como la veía, sé que me acompaña y mi corazón se siente lleno de ella…

Luz se acercó a Esperanza y sin lágrimas en los ojos le dijo:

—Gracias a ti hoy sé que no tengo que tener miedo, que los que queremos viven para siempre en nuestro corazón y que nunca se van de nuestra vida.

ANEXO 5

PENSAMIENTOS QUE SANAN EL CORAZÓN

"La vida no te exige más fuerza que la que tienes.
Solo hay una hazaña posible: no haber huido."

Dag Hammarskjold

———•◎•———

"Dejar que el duelo fluya a través de nosotros
es un acto de la mayor valentía."

Martha Whitemore

———•◎•———

"El tiempo es una costurera especializada en arreglos."

Faith Baldwin

———•◎•———

"Cuando alguien llora delante de mí,
lo considero un regalo."

Anónimo

———•◎•———

"En pleno invierno descubrí que tenía dentro de mí
un verano invencible."

Albert Camus

———•◎•———

"La espiritualidad es ese lugar donde se reúne
lo absolutamente íntimo con lo inmensamente infinito."

Rick Fields

———•◎•———

"La fe es esa ave que siente la luz y canta al alba cuando
todavía está oscuro."

Rabindranath Tagore

———•◎•———

"Volver a tomar algunos hilos importantes
que podemos haber dejado de lado
equivale a adelantar la labor de volver a tejer
nuestra vida siguiendo una pauta coherente."

Martha Whitemore

———•◎•———

"Como la mariposa que sale de la crisálida
tras una larga oscuridad,
agitaremos las alas para limpiarnos el polvo de oruga
y nos daremos cuenta de que podemos volar."

Martha Whitemore

———•◎•———

"Oración de la serenidad"
"Señor, concédeme serenidad para aceptar todo aquello
que no puedo cambiar, fortaleza para cambiar lo que soy
capaz de cambiar y sabiduría para apreciar la diferencia.
Viviendo día a día;
disfrutando de cada momento;
sobrellevando las privaciones como un camino hacia la paz;
aceptando este mundo impuro tal cual es
y no como yo creo que debería ser,
tal y como hizo Jesús en la tierra.
Así, confiando en que obrarás siempre el bien;
así, entregándome a Tu voluntad,
podré ser razonablemente feliz en esta vida
y alcanzar la felicidad suprema a Tu lado en la próxima.
Amén."

Reinhold Niebuhr

———— •◎• ————

"En todos los puntos del viaje humano advertimos que,
para avanzar, tenemos que soltar cosas;
y soltar cosas significa morir un poco.
En este proceso nos recreamos, nos re-despertamos a la conciencia
de la fuente superior de nuestro ser."

Kathleen R. Fischer

———— •◎• ————

"La fe consiste en creer cuando creer
no está al alcance de la razón. No basta
que una cosa sea posible para creerla."

Voltaire

———— •◎• ————

"A los que aman más allá del mundo,
el mundo no los puede separar.
La muerte no es más que atravesar el mundo,
como los amigos que atraviesan los mares
pero siguen viviendo el uno en el otro."

William Penn

———•◎•———

"La fe es el eje de la vida integrada.
Nos permite vivir por la gracia de los hilos invisibles.
Es creer en una sabiduría superior a la nuestra.
Cuando faltan los hechos, la fe se convierte en nuestra maestra."

Terry Tempest

———•◎•———

"Él no dijo 'No sufriréis, no os esforzaréis, no os inquietaréis',
pero sí dijo 'jamás seréis vencidos'."

Santa Juana de Norwich

———•◎•———

"Cuando atravieses las aguas, estaré a tu lado;
y cuando cruces los ríos, no te anegarán.
Cuando camines por el fuego, no te quemarás,
y las llamas no te consumirán."

Isaías 43,2

———•◎•———

"Dirijo mis oraciones a los pájaros
porque creo que ellos transportarán hacia lo alto
los mensajes de mi corazón. Les dirijo mis oraciones
porque creo en su existencia, en que comienzan
y terminan cada día sus cantos, las invocaciones y

bendiciones de la Tierra.
Dirijo mis oraciones a los pájaros porque me recuerdan lo
que amo, más que lo que temo. Y, cuando concluyo mis
oraciones, ellos me enseñan a escuchar."

Terry Tempest

"Creo que Dios está en mí como el sol está en el color
y en la fragancia de una flor; es la Luz en mi oscuridad;
es la voz en mi silencio".

Hellen Keller

"Ten el valor para las grandes penas de la vida,
y paciencia con las pequeñas;
y cuando hayas cumplido con laboriosidad
tu tarea del día, duerme en paz.
Dios vela por ti."

Víctor Hugo

"En los momentos oscuros, el ojo empieza a ver."

Theodore Roethke

"El amor no desaparece nunca. La muerte no es nada.
Simplemente me he ido a la habitación de al lado. Yo
soy yo, tú eres tú. Lo que éramos el uno para el otro lo
seremos siempre. Dame el nombre que siempre me has
dado. Háblame como lo has hecho siempre. No emplees
un tono diferente. No adoptes un aire solemne o triste.
Sigue riéndote de lo que nos hacía reír juntos. Ora, sonríe,
piensa en mí, reza por mí.

Que mi nombre sea pronunciado en casa como lo fue
siempre, sin énfasis de ninguna clase, sin nada sombrío.
La vida significa todo aquello que ha significado siempre
y es lo que siempre ha sido.

El hilo no se ha cortado.

¿Por qué habría yo de estar fuera de tu pensamiento
simplemente porque estoy fuera de tu vista?

Te espero, no estoy lejos, justo del otro lado del camino.
Como ves, todo está bien."

Anónimo

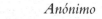

Anexo 6. Tríptico informativo

EL SUICIDIO:
Cómo afrontarlo

El suicidio, un evento traumático para los sobrevivientes, por desgracia es cada vez más frecuente en nuestras sociedades.

¿Quién es el sobreviviente del suicidio?

El sobreviviente del suicidio es aquella persona que ha perdido a un ser querido por suicidio.

Como sobreviviente de un suicidio, te enfrentas a un proceso de duelo con las características específicas enlistadas en la siguiente columna.

Si sientes que estos sentimientos te impiden llevar a cabo tus actividades diarias y que no puedes resolverlos solo, busca ayuda profesional.

1. Depresión
Esta condición presenta diversos síntomas, entre ellos: alteración en el sueño y el apetito, disminución de la actividad, tristeza e ideas de muerte.

2. Enojo
Esta emoción puede dirigirse al ser querido, a algún familiar o a uno mismo.

3. Culpa
En esta condición se presenta la idea "Y si hubiera...".

4. Cuestionamiento
¿Por qué? Esta pregunta puede plantearse recurrentemente e incluso aparecer de forma obsesiva.

Recomendaciones para los sobrevivientes del suicidio

- Pon atención a tu cuidado personal, por ejemplo, a tu alimentación, sueño, ejercicio e higiene.
- Recuerda que el estado de caos que vives es temporal.
- No te aísles, también es válido pedir ayuda.
- Apóyate en quienes sientes confianza y que muestran sensibilidad por tu proceso.
- La experiencia de pérdida también puede ser una experiencia de crecimiento y aprendizaje.
- Toma las cosas día a día, no te exijas una recuperación inmediata.
- Intenta aceptar los sentimientos que te provoca el duelo, desde la tristeza hasta la culpa y el enojo.
- Puedes recurrir a libros, a la oración y a todo lo que te dé paz para resolver esta vivencia.
- Recuerda que la vida continúa y tú tienes la oportunidad de seguir viviendo.

Anexo 7

Recursos: Ayuda para sobrevivientes del suicidio en México

Asociación Mexicana de Suicidología
   Rossini núm. 101, Col. León Moderno, C.P. 37480 León, Guanajuato
   Teléfono: (477) 770 9195
   www.suicidologia.org.mx
   amsuicidologia@hotmail.com

Asociación Mexicana de Tanatología A.C. (AMTAC)
   Felipe Martínez
   Presidente
   Insurgentes Sur núm. 1160 Piso 3, Col. Del Valle
   Ciudad de México
   Teléfonos: (55) 5575 5995 (55) 5575 5996
   philipe_ger@yahoo.com.mx
   http://www.tanatologia-amtac.com
   info@tanatologia-amtac.com tanatologia@gmail.com

Asociación Mexicana de Terapia Familiar (AMTF)
   Indiana núm. 78, Col. Nápoles, Ciudad de México
   Teléfono: (0155) 5658 0146
   Fax: (0155) 5658 0146
   amtf_56@yahoo.com.mx

Centro de Estudios e Investigación sobre la Familia (CIFAC)
   Jalisco núm. 8, Col. Progreso, Tizapán, C.P. 01080
   Ciudad de México
   Local núm. 30 Nivel Terraza

(Centro Comercial Plaza Inn)
Av. Insurgentes Sur núm. 1971
Col. Guadalupe Inn, Ciudad de México
Teléfonos (55) 5550 1421   (55) 5550 1279
cifac_2008@yahoo.com

Instituto Crisol
Ciudad de México
Teléfono: (55) 5598 8647
Cuernavaca, Mor.
Teléfono: (777) 311 7195 313 1063
info@institutocrisol.org

Instituto Hispanoamericano de Suicidología (Inhisac)
Alejandro Águila
Director General
Av. del Imán núm. 151 L110 Consultorio B7
Col. Pedregal de Carrasco (Centro Comercial Gran Sur)
Ciudad de México
Teléfonos: (55) 5217 8157 4631 3300   4631 3307
alejandro@suicidologia.com.mx
suicidologia.com.mx

Instituto Latinoamericano de Estudios de la Familia, A. C. (ILEF)
Teléfonos: (55) 5339 5901, 5658 3388, 6363 0580
difusion@ilef.com.mx

Sistema Nacional de Apoyo, Consejo Psicológico e Intervención en Crisis
por Teléfono (Saptel)
Teléfonos: (55) 5259 8121 (01800) 427 27835
saptel@prodigy.net.mx

Acerca de la autora

Jessica Wolf

Estudió psicología en la Universidad Iberoamericana, institución en la cual es docente en licenciatura y maestría; estudió la maestría en Terapia Familiar en la Universidad Anáhuac.

Dedica la mayor parte de su tiempo a la prevención del suicidio, por lo que forma parte de la Asociación Mexicana de Suicidología (AMS) y de la Asociación Canadiense de Prevención del Suicidio (CASP, por sus siglas en inglés).

También es miembro de la Asociación Mexicana de Terapia Familiar (AMTF) y de la Asociación de Consejeros Clínicos de British Columbia (BCACC, por sus siglas en inglés).

Actualmente es coordinadora de duelo en el Centro de Crisis de Columbia Británica, Canadá, y facilitadora de grupos que están en duelo debido a un suicidio. Cuenta con más de 20 años de experiencia en la práctica clínica privada.

Datos de contacto:
www.jessicawolfautor.com
facebook e instagram jessicawolfautor